Klavier für Wiedereinsteiger für Dummies

Mélanie Renaud

Klavier
für Wiedereinsteiger
für dummies®

Übersetzung aus dem Französischen von Judith Muhr

Fachkorrektur von Thomas A. Gruber

WILEY-VCH
WILEY-VCH GmbH

Klavier für Wiedereinsteiger für Dummies

Bibliografische Information der Deutschen Nationalbibliothek

Die Deutsche Nationalbibliothek verzeichnet diese Publikation in der Deutschen Nationalbibliografie; detaillierte bibliografische Daten sind im Internet über http://dnb.d-nb.de abrufbar.

1. Auflage 2021

© 2021 Wiley-VCH GmbH, Weinheim

French language edition: Je me remet en piano pour les nuls © 2019 by Éditions First, un département d'Èdi8. All rights reserved including the right of reproduction in whole or in part in any form. This translation published by arrangement with John Wiley and Sons, Inc.

Copyright der französischen Originalausgabe Je me remet en piano pour les nuls © 2019 Éditions First, un département d'Èdi8. Alle Rechte vorbehalten inklusive des Rechtes auf Reproduktion im Ganzen oder in Teilen und in jeglicher Form. Diese Übersetzung wird mit Genehmigung von John Wiley and Sons, Inc. publiziert.

Wiley, the Wiley logo, Für Dummies, the Dummies Man logo, and related trademarks and trade dress are trademarks or registered trademarks of John Wiley & Sons, Inc. and/or its affiliates, in the United States and other countries. Used by permission.

Wiley, die Bezeichnung »Für Dummies«, das Dummies-Mann-Logo und darauf bezogene Gestaltungen sind Marken oder eingetragene Marken von John Wiley & Sons, Inc., USA, Deutschland und in anderen Ländern.

Das vorliegende Werk wurde sorgfältig erarbeitet. Dennoch übernehmen Autorin und Verlag für die Richtigkeit von Angaben, Hinweisen und Ratschlägen sowie eventuelle Druckfehler keine Haftung.

Coverfoto: © Liddy Hansdottir / stock.adobe.com
Korrektur: Johanna Rupp, Walldorf
Satz: SPi Global, Chennai, India
Druck und Bindung

Print ISBN: 978-3-527-71838-2
ePub ISBN: 978-3-527-83284-2

10 9 8 7 6 5 4 3 2 1

Auf einen Blick

Einführung **19**

Tag 1: Montag – Menuett aus benachbarten Noten 23
Tag 2: Dienstag – Béla-Bartók-Tag! 29
Tag 3: Mittwoch – Der erste argentinische Tango 35
Tag 4: Donnerstag – Dialog 41
Tag 5: Freitag – Die Daumen übernehmen ihre Aufgabe 45
Tag 6: Samstag – Orientalisches Lied 51
Tag 7: Sonntag – Symphonien von Ludwig van Beethoven 55
Tag 8: Montag – Tag der Folia 61
Tag 9: Dienstag – Orientalischer Tanz 65
Tag 10: Mittwoch – Barocke Oboe 71
Tag 11: Donnerstag – Schlaflied für die linke Hand 77
Tag 12: Freitag – Rhythm... and Blues 83
Tag 13: Samstag – Keltische Lieder 87
Tag 14: Sonntag – Nussknacker 93
Tag 15: Montag – Erik-Satie-Tag 97
Tag 16: Dienstag – Authentische Arpeggios 101
Tag 17: Mittwoch – Ragtime für kleine Hände 107
Tag 18: Donnerstag – Walzer von Chopin 113
Tag 19: Freitag – Akkorde für zwei Hände 119
Tag 20: Samstag – Russische und Gypsy-Lieder 125
Tag 21: Sonntag – Eine kleine Nachtmusik 129
Tag 22: Montag – Gymnastiktag 133
Tag 23: Dienstag – Walzer in Sexten 139
Tag 24: Mittwoch – Ihre linke Hand, ein Hochleistungssportler 145
Tag 25: Donnerstag – Puzzletag für die linke Hand 151
Tag 26: Freitag – Gekreuzte Hände 157
Tag 27: Samstag – Französische »Retro«-Lieder 163
Tag 28: Sonntag – Peer Gynt 169
Tag 29: Montag – Vogelgezwitscher 173
Tag 30: Dienstag – Serenade oder Romanze 179
Tag 31: Mittwoch – Rhapsodie und Serenade für die Hosentasche 185
Tag 32: Donnerstag – Asturias 189
Tag 33: Freitag – Capriccio mit Charakter 195
Tag 34: Samstag – Afroamerikanische Lieder 201
Tag 35: Sonntag – Die vier Jahreszeiten 207
Tag 36: Montag – Thema und Variationen 213
Tag 37: Dienstag – Feministische Maxixe 219
Tag 38: Mittwoch – Schmetterlingshand 225
Tag 39: Donnerstag – Romantik für die linke Hand 231
Tag 40: Freitag – La Cumparsita 237
Tag 41: Samstag – Lateinamerikanische Lieder 243
Tag 42: Sonntag – Wiener Walzer 251

Tag 43:	Montag – Spanischer Tanz	257
Tag 44:	Dienstag – Clairières dans le ciel	263
Tag 45:	Mittwoch – How do you feel?	269
Tag 46:	Donnerstag – Zauberhafter Juni	275
Tag 47:	Freitag – Liebestraum	283
Tag 48:	Samstag – Ave Maria	291
Tag 49:	Sonntag – Symphonie »Aus der neuen Welt«	297
Tag 50:	Montag – El Choclo	303
Tag 51:	Dienstag – Drei auf zwei	309
Tag 52:	Mittwoch – Die Fee der Quelle	315
Tag 53:	Donnerstag – Präludium nur für die linke Hand	323
Tag 54:	Freitag – Punktierte Karneval-Rhythmen	329
Tag 55:	Samstag – Carmen in Liedern	335
Tag 56:	Sonntag – Carmen in der Musik	341
Bonus – Puzzle		347
Bonus – Bach		353
Bonus – Peer Gynt		359
Bonus – Walzer		363

Stichwortverzeichnis ... **367**

Inhaltsverzeichnis

Einführung **19**
    Wie Sie dieses Buch nutzen können 19
    Aufbau der Lektionen 20
    Symbole, die in diesem Buch verwendet werden 20
    Abkürzungen, die in diesem Buch verwendet werden 21
        Position der Hände 21
        Akkordnotation 21
        Für den Fingersatz 21
    Und wie fangen Sie nun an? 21

Tag 1
Montag – Menuett aus benachbarten Noten **23**
    Aufwärmen 23
    Notenlesen 24
        Menuet, Jean-Philippe Rameau 24
    Übungen 25
    Repertoire 26
        Menuet, Élisabeth Jacquet de La Guerre 26

Tag 2
Dienstag – Béla-Bartók-Tag! **29**
    Aufwärmen 29
    Notenlesen 30
    Übungen 31
    Repertoire 32
        Danse, Béla Bartók 32
        La Jeune Mariée, Béla Bartók 33
        À la yougoslave, Béla Bartók 34

Tag 3
Mittwoch – Der erste argentinische Tango **35**
    Aufwärmen 35
    Notenlesen 36
    Übungen 36
    Repertoire 38
        Mi Buenos Aires querido, Carlos Gardel 38

Tag 4
Donnerstag – Dialog **41**
    Aufwärmen 41
    Notenlesen 42
    Übungen 42

Repertoire	43
Liebesfreud, Fritz Kreisler	43

Tag 5
Freitag – Die Daumen übernehmen ihre Aufgabe ... 45

Aufwärmen	45
Notenlesen	46
Schlaflied, Edvard Grieg.	46
Übungen	46
Repertoire	47
Repertoire	48
Pavane de la Belle au bois dormant, Maurice Ravel	48

Tag 6
Samstag – Orientalisches Lied ... 51

Repertoire	51
Sakura sakura, Volkslied aus Japan	51

Tag 7
Sonntag – Symphonien von Ludwig van Beethoven ... 55

Repertoire	55
Ode an die Freude, Ludwig van Beethoven	55
Symphonie Nr. 7, Ludwig van Beethoven.	56
Symphonie Nr. 5, Ludwig van Beethoven.	57

Tag 8
Montag – Tag der Folia ... 61

Aufwärmen	61
Notenlesen	62
La Folia, Arcangelo Corelli	62
Übungen	62
Repertoire	64

Tag 9
Dienstag – Orientalischer Tanz ... 65

Aufwärmen	65
Notenlesen	66
Im Orient, Béla Bartók.	66
Übungen	66
Repertoire	68
Freylekh, traditionelle Klezmer-Musik	68

Tag 10
Mittwoch – Barocke Oboe ... 71

Aufwärmen	71
Notenlesen	71
Konzert für Oboe und Saiteninstrumente, Johann Sebastian Bach	71
Übungen	72

Inhaltsverzeichnis

Repertoire... 74
    Concerto für Oboe und Saiteninstrumente, Johann Sebastian Bach 74

Tag 11
Donnerstag – Schlaflied für die linke Hand..................... 77
Aufwärmen.. 77
Notenlesen.. 78
    Romanze ohne Worte, Felix Mendelssohn........................ 78
Übungen.. 78
Repertoire... 80
    Wiegenlied, Marie Jaëll...................................... 80

Tag 12
Freitag – Rhythm... and Blues................................. 83
Aufwärmen.. 83
Notenlesen.. 84
    Go down Moses, Spiritual.................................... 84
Übungen.. 85
Repertoire... 86
    Go down, Moses, Spiritual 86

Tag 13
Samstag – Keltische Lieder.................................... 87
Repertoire... 87
    Greensleeves, keltisches Volkslied.............................. 87
    Loch Lomond, keltisches Volkslied 90

Tag 14
Sonntag – Nussknacker....................................... 93
Repertoire... 93
    Blumenwalzer, Pjotr Iljitsch Tschaikowski....................... 93
    Tanz der Zuckerfee, Pjotr Iljitsch Tschaikowski 96

Tag 15
Montag – Erik-Satie-Tag....................................... 97
Aufwärmen.. 97
Notenlesen.. 98
Übungen.. 98
Repertoire... 99
    Gnossienne Nr. 4, Erik Satie 99

Tag 16
Dienstag – Authentische Arpeggios............................. 101
Aufwärmen.. 101
Notenlesen.. 102
    Engelsstimmen, Friedrich Burgmüller.......................... 102
Übungen.. 102
Repertoire... 104
    Der Bach, Mel Bonis 104

Tag 17
Mittwoch – Ragtime für kleine Hände 107
- Aufwärmen 107
- Notenlesen 108
    - Variationen, Joseph Haydn 108
    - Menuett, Franz Schubert 108
- Übungen 109
- Repertoire 110
    - *A Breeze from Alabama*, Scott Joplin 110

Tag 18
Donnerstag – Walzer von Chopin 113
- Aufwärmen 113
- Notenlesen 114
    - Walzer in A-Moll, Frédéric Chopin 114
- Übungen 114
- Repertoire 116
    - *Walzer in A-Moll*, Frédéric Chopin 116

Tag 19
Freitag – Akkorde für zwei Hände 119
- Aufwärmen 119
- Notenlesen 120
    - Passacaglia in *G*-Moll, Georg Friedrich Händel 120
- Übungen 121
- Repertoire 122
    - *Walzer*, Ludwig van Beethoven 122

Tag 20
Samstag – Russische und Gypsy-Lieder 125
- Repertoire 125
    - *Kalinka*, russisches Volkslied 125
    - *Schwarze Augen*, russisches Gypsy-Lied 126
    - Ratschläge für die Übung 127

Tag 21
Sonntag – Eine kleine Nachtmusik 129
- Repertoire 129
    - *Eine kleine Nachtmusik*, Wolfgang Amadeus Mozart 129
    - *Eine kleine Nachtmusik*, Wolfgang Amadeus Mozart 132

Tag 22
Montag – Gymnastiktag 133
- Aufwärmen 133
- Notenlesen 134
    - Zweite Gymnopedie, Erik Satie 134
    - Dritte Gymnopedie, Erik Satie 134

Repertoire...	74
Concerto für Oboe und Saiteninstrumente, Johann Sebastian Bach	74

Tag 11
Donnerstag – Schlaflied für die linke Hand..................... 77
    Aufwärmen.. 77
    Notenlesen.. 78
        Romanze ohne Worte, Felix Mendelssohn.......................... 78
    Übungen.. 78
    Repertoire... 80
        Wiegenlied, Marie Jaëll.. 80

Tag 12
Freitag – Rhythm... and Blues................................. 83
    Aufwärmen.. 83
    Notenlesen.. 84
        Go down Moses, Spiritual.. 84
    Übungen.. 85
    Repertoire... 86
        Go down, Moses, Spiritual....................................... 86

Tag 13
Samstag – Keltische Lieder.................................... 87
    Repertoire... 87
        Greensleeves, keltisches Volkslied................................. 87
        Loch Lomond, keltisches Volkslied................................ 90

Tag 14
Sonntag – Nussknacker....................................... 93
    Repertoire... 93
        Blumenwalzer, Pjotr Iljitsch Tschaikowski........................... 93
        Tanz der Zuckerfee, Pjotr Iljitsch Tschaikowski...................... 96

Tag 15
Montag – Erik-Satie-Tag...................................... 97
    Aufwärmen.. 97
    Notenlesen.. 98
    Übungen.. 98
    Repertoire... 99
        Gnossienne Nr. 4, Erik Satie...................................... 99

Tag 16
Dienstag – Authentische Arpeggios........................... 101
    Aufwärmen... 101
    Notenlesen... 102
        Engelsstimmen, Friedrich Burgmüller............................. 102
    Übungen... 102
    Repertoire.. 104
        Der Bach, Mel Bonis.. 104

Tag 17
Mittwoch – Ragtime für kleine Hände 107
   Aufwärmen 107
   Notenlesen 108
      Variationen, Joseph Haydn 108
      Menuett, Franz Schubert 108
   Übungen 109
   Repertoire 110
      A Breeze from Alabama, Scott Joplin 110

Tag 18
Donnerstag – Walzer von Chopin 113
   Aufwärmen 113
   Notenlesen 114
      Walzer in A-Moll, Frédéric Chopin 114
   Übungen 114
   Repertoire 116
      Walzer in A-Moll, Frédéric Chopin 116

Tag 19
Freitag – Akkorde für zwei Hände 119
   Aufwärmen 119
   Notenlesen 120
      Passacaglia in *G*-Moll, Georg Friedrich Händel 120
   Übungen 121
   Repertoire 122
      Walzer, Ludwig van Beethoven 122

Tag 20
Samstag – Russische und Gypsy-Lieder 125
   Repertoire 125
      Kalinka, russisches Volkslied 125
      Schwarze Augen, russisches Gypsy-Lied 126
      Ratschläge für die Übung 127

Tag 21
Sonntag – Eine kleine Nachtmusik 129
   Repertoire 129
      Eine kleine Nachtmusik, Wolfgang Amadeus Mozart 129
      Eine kleine Nachtmusik, Wolfgang Amadeus Mozart 132

Tag 22
Montag – Gymnastiktag 133
   Aufwärmen 133
   Notenlesen 134
      Zweite Gymnopedie, Erik Satie 134
      Dritte Gymnopedie, Erik Satie 134

Übungen 135
Repertoire 136
    Erste Gymnopedie, Erik Satie 136

Tag 23
Dienstag – Walzer in Sexten **139**
Aufwärmen 139
Notenlesen 140
    Walzer, Antonín Dvořák 140
Übungen 141
Repertoire 142
    Berühmter Walzer, Johannes Brahms 142

Tag 24
Mittwoch – Ihre linke Hand, ein Hochleistungssportler **145**
Aufwärmen 145
Notenlesen 146
    Fascination, Fermo Dante Marchetti 146
    Walzer, Antonín Dvořák 146
Übungen 147
Repertoire 148
    Freylekh Zain, traditionelle Klezmer-Musik 148

Tag 25
Donnerstag – Puzzletag für die linke Hand **151**
Aufwärmen 151
Notenlesen 152
    Passacaglia in G-Moll, Georg Friedrich Händel 152
Übungen 153
Repertoire 154
    Passacaglia in G-Moll, Georg Friedrich Händel 154

Tag 26
Freitag – Gekreuzte Hände **157**
Aufwärmen 157
Notenlesen 157
    Cotillon in 18 Teilen, Maria Szymanowska 157
    Thema und Variationen, Joseph Haydn 158
Übungen 159
Repertoire 160
    Trio-Extrakt aus der Polonaise, Maria Szymanowska ... 160

Tag 27
Samstag – Französische »Retro«-Lieder **163**
Repertoire 163
    Frou-Frou, französisches Lied aus der Belle Époque .. 163
    Le Temps des cerises, französisches Lied 166

Tag 28
Sonntag – Peer Gynt **169**
    Repertoire.. 169
        Morgenstimmung, Edvard Grieg 169
        In der Halle des Bergkönigs, Edvard Grieg 171

Tag 29
Montag – Vogelgezwitscher **173**
    Aufwärmen 173
    Notenlesen 174
        Trio, Joseph Haydn 174
    Übungen 174
    Repertoire.. 176
        Der Ruf der Vögel, Jean-Philippe Rameau 176

Tag 30
Dienstag – Serenade oder Romanze **179**
    Aufwärmen 179
    Notenlesen 180
        Serenade, Friedrich Burgmüller 180
    Übungen 181
    Repertoire.. 182
        Frühlingslied, Felix Mendelssohn 182

Tag 31
Mittwoch – Rhapsodie und Serenade für die Hosentasche ... **185**
    Aufwärmen 185
    Notenlesen 186
        Rhapsody in Blue, George Gershwin 186
    Übungen 186
    Repertoire.. 187
        Serenade für eine Puppe, Claude Debussy 187

Tag 32
Donnerstag – Asturias.. **189**
    Aufwärmen 189
    Notenlesen 190
        Prélude des *Spanischen Gesänge*, Isaac Albéniz 190
    Übungen 190
    Repertoire.. 193
        Asturias, Isaac Albéniz 193

Tag 33
Freitag – Capriccio mit Charakter **195**
    Aufwärmen 195
    Notenlesen 196
        Etüde Nr. 23, Stephen Heller 196

  Übungen 196
  Repertoire 198
    Caprice à la boléro, Clara Schumann 198

Tag 34
Samstag – Afroamerikanische Lieder 201
  Repertoire 201
    Nobody knows the trouble I've seen, afroamerikanisches Volkslied, Spiritual 201
    Down by the Riverside, afroamerikanisches Volkslied, Spiritual 203

Tag 35
Sonntag – Die vier Jahreszeiten 207
  Repertoire 207
    Frühling, Antonio Vivaldi 207
    Winter, Antonio Vivaldi 209
    Herbst, Antonio Vivaldi 210

Tag 36
Montag – Thema und Variationen 213
  Aufwärmen 213
  Notenlesen 214
    Thema, Joseph Haydn 214
  Übungen 215
  Repertoire 217
    Variation 20, Joseph Haydn 217

Tag 37
Dienstag – Feministische Maxixe 219
  Aufwärmen 219
  Notenlesen 220
    Poetische Tonbilder, Antonín Dvořák 220
    Poetische Tonbilder, Antonín Dvořák 220
  Übungen 221
  Repertoire 222
    Gaucho, Chiquinha Gonzaga 222

Tag 38
Mittwoch – Schmetterlingshand 225
  Aufwärmen 225
  Notenlesen 226
    Walzer, Franz Schubert 226
  Übungen 226
  Repertoire 228
    Schmetterlinge, Robert Schumann 228

Tag 39
Donnerstag – Romantik für die linke Hand 231
- Aufwärmen 231
- Notenlesen 232
  - *Passacaglia in A-Moll*, Georg Friedrich Händel 232
- Übungen 232
- Repertoire 235
  - *Zweite Romanze*, Clara Schumann 235

Tag 40
Freitag – La Cumparsita 237
- Aufwärmen 237
- Notenlesen 238
  - *La Cumparsita*, uruguayisch-argentinisches Lied 238
- Übungen 238
- Repertoire 240
  - *La Cumparsita*, uruguayisch-argentinisches Lied 240

Tag 41
Samstag – Lateinamerikanische Lieder 243
- Repertoire 243
  - *La Bamba*, lateinamerikanisches Volkslied 243
  - *La Cucaracha*, spanisch-mexikanisches Volkslied 246

Tag 42
Sonntag – Wiener Walzer 251
- Repertoire 251
  - *An der schönen blauen Donau*, Johann Strauss 251
  - *Frühlingsstimmenwalzer*, Johann Strauss 253

Tag 43
Montag – Spanischer Tanz 257
- Aufwärmen 257
- Notenlesen 258
  - *Passacaglia in G-Moll*, Georg Friedrich Händel 258
  - *Improvisation zu norwegischen Volksweisen*, Edvard Grieg 259
- Übungen 259
- Repertoire 261
  - *Melancolica*, Enrique Granados 261

Tag 44
Dienstag – Clairières dans le ciel 263
- Aufwärmen 263
- Notenlesen 264
  - *Trio*, Joseph Haydn 264
- Übungen 264
- Repertoire 266
  - *Clairières dans le ciel*, Lili Boulanger 266

Tag 45
Mittwoch – How do you feel? ... 269
Aufwärmen ... 269
Notenlesen ... 270
    Sometimes I feel like a Motherless Child, Spiritual ... 270
Übungen ... 270
Repertoire ... 273
    Sometimes I feel like a Motherless Child, Spiritual ... 273

Tag 46
Donnerstag – Zauberhafter Juni ... 275
Aufwärmen ... 275
Notenlesen ... 276
    Passacaglia in G-Moll, Georg Friedrich Händel ... 276
Übungen ... 277
Repertoire ... 280
    Juni, Pjotr Iljitsch Tschaikowski ... 280

Tag 47
Freitag – Liebestraum ... 283
Aufwärmen ... 283
Notenlesen ... 284
    Walzer, Antonín Dvořák ... 284
    Ballade, Edvard Grieg ... 285
Übungen ... 286
Repertoire ... 289
    Liebestraum, Franz Liszt ... 289

Tag 48
Samstag – Ave Maria ... 291
Repertoire ... 291
    Ave Maria, Charles Gounod ... 291
    Ave Maria, Guilio Caccini ... 294

Tag 49
Sonntag – Symphonie »Aus der neuen Welt« ... 297
Repertoire ... 297
    Symphonie Nr. 9 in E-Moll, die »Symphonie aus der neuen Welt«, Antonín Dvořák ... 297
    Symphonie Nr. 9 in E-Moll, Antonín Dvořák ... 298
    Symphonie Nr. 9 in E-Moll, Antonín Dvořák ... 300

Tag 50
Montag – El Choclo ... 303
Aufwärmen ... 303
Notenlesen ... 304
    Sonate in B-Dur, Joseph Haydn ... 304

Übungen 304
Repertoire 307
   El Choclo, Angel Villoldo 307

Tag 51
Dienstag – Drei auf zwei 309
Aufwärmen 309
Notenlesen 310
   Ave Maria, Franz Schubert 310
Übungen 311
Repertoire 312
   Ave Maria, Franz Schubert 312

Tag 52
Mittwoch – Die Fee der Quelle 315
Aufwärmen 315
Notenlesen 316
   Passacaglia in G-Moll, Georg Friedrich Händel 316
Übungen 316
Repertoire 320
   Die Fee der Quelle, Amy Beach 320

Tag 53
Donnerstag – Präludium nur für die linke Hand 323
Aufwärmen 323
Notenlesen 324
   Prélude für die linke Hand, Alexander Skrjabin 324
Übungen 324
Repertoire 327
   Prélude nur für die linke Hand, Alexander Skrjabin 327

Tag 54
Freitag – Punktierte Karneval-Rhythmen 329
Aufwärmen 329
Notenlesen 330
   Passacaglia in G-Moll, Georg Friedrich Händel 330
   Karneval, Edvard Grieg 330
Übungen 331
Repertoire 333
   Joshua fit the Battle of Jericho, afroamerikanisches Volkslied 333

Tag 55
Samstag – Carmen in Liedern 335
Repertoire 335
   Arie des Torero, Georges Bizet 335
   Chor der Straßenjungen, Georges Bizet 337
   Habanera – Die Liebe ist ein wilder Vogel, Georges Bizet 338

Tag 56
Sonntag – Carmen in der Musik **341**
    Repertoire.. 341
        Prolog I. Akt, Georges Bizet 341
        Zwischenspiel im II. Akt, Georges Bizet 342
        Zwischenspiel im III. Akt, Georges Bizet 343

Bonus – Puzzle **347**
    Repertoire.. 347
        Passacaglia in G-Moll, Georg Friedrich Händel 347

Bonus – Bach... **353**
    Repertoire.. 353
        Menuett aus der *Französischen Suite Nr. 2 in C-Moll*, Johann Sebastian Bach 353
        Konzert für Oboe und Saiteninstrumente, Johann Sebastian Bach 355

Bonus – Peer Gynt... **359**
    Repertoire.. 359
        Solveigs Lied, Edvard Grieg 359
        Anitras Tanz, Edvard Grieg 360

Bonus – Walzer **363**
    Repertoire.. 363
        Fascination, Fermo Dante Marchetti 363
        Walzer, Johannes Brahms 365

Stichwortverzeichnis **367**

Einführung

Sehr geehrte Leserin, sehr geehrter Leser,

wenn Sie dieses Buch in Händen halten, dann sicher deshalb, weil Sie einfach richtig Lust haben, wieder mit dem Klavierspielen zu beginnen. Eine wirklich gute Idee!

Vielleicht hatten Sie ja schon als Kind Klavierstunden? Oder Sie haben vor ein paar Jahren damit angefangen? Sie sind Autodidakt? Oder vielleicht spielen Sie hin und wieder mit Ihren Freunden und sagen sich jedes Mal, dass Sie wieder ernsthaft üben sollten?

Dieses Buch verschafft Ihnen die Gelegenheit. Ich möchte Sie auf Ihrer musikalischen Reise begleiten … damit Sie Ihr Können am Klavier auffrischen, Ihre Fingerfertigkeit zurückgewinnen und Ihr Repertoire aktualisieren können. Und natürlich, weil Musik glücklich macht.

Sie werden glücklich sein mit diesem Gefühl, wieder Klavier zu spielen (denn Sie haben sicher nicht alles vergessen!), Sie werden glücklich sein, ein neues Repertoire zu lernen oder zu entdecken, und Sie werden glücklich sein, die Energie der Musik zu spüren – und die gute Laune, die sie Ihnen verschafft.

Wie Sie dieses Buch nutzen können

Sie finden in diesem Buch für jede Woche von Montag bis Freitag fünf technische Lektionen, unterteilt in die Bereiche Aufwärmen, Notenlesen und Übungen. Außerdem gibt es jeweils eine Seite mit abwechslungsreichem Repertoire – und Sie lernen jeden Tag einen Stil, eine Epoche oder eine andere Kultur kennen.

Der Donnerstag ist jeweils ganz besonders der linken Hand gewidmet.

Am Wochenende gibt es ein Spezialprogramm mit erweitertem Repertoire – und hilfreichen Empfehlungen zum Üben.

Am Samstag geht es jeweils um Lieder der unterschiedlichsten Stile. Dort finden Sie Arrangements, die bereits für das Klavier geschrieben wurden, aber auch Ratschläge, wie Sie lernen, sich bei Ihren Lieblingsliedern selbst zu begleiten.

Der Sonntag ist der Tag der großen »Hits« der klassischen Musik für Orchester, Oper, Kammermusik, arrangiert für das Klavier.

Aufbau der Lektionen

Das **Aufwärmen** wird in visueller Form als kleines Klavier dargestellt, auf dem die Platzierung Ihrer Hände symbolisch gezeigt wird. Anhand einer kurzen Rhythmuszeile mit Fingersätzen erfahren Sie mehr über Takt und Geschwindigkeit.

Im Bereich **Notenlesen** finden Sie kurze Auszüge aus dem Repertoire, die mit dem Thema des Tages zu tun haben, um zu lernen, diese Noten richtig zu lesen.

Die **Übungen** verdeutlichen dann die technischen Aspekte. Dort werden spezielle Schwierigkeiten der jeweils gezeigten Stücke erklärt und Sie können daran arbeiten.

Das **Repertoire** stellt ein kurzes Stück oder einen Auszug aus einem Stück des klassischen oder traditionellen Repertoires vor, damit Sie jeden Tag die Erfolge aus den bearbeiteten Übungen genießen können.

Symbole, die in diesem Buch verwendet werden

Kennzeichnet den Schwierigkeitsgrad, um jedem Leser zu ermöglichen, nach seinem eigenen Tempo vorzugehen. Anhand des angegebenen Schwierigkeitsgrads können Sie sich orientieren: Einige Leser brauchen für ein Kapitel mehr Zeit, andere gehen schnell zu schwierigeren Übungen über. Dies ist ganz von Ihrer Erfahrung abhängig.

Sie erfahren täglich interessante Details über einen Komponisten oder ein Genre, ausführliche Informationen über eine musikalische Form oder kurze Berichte, um Ihre Neugier zu wecken oder auch Ihre Interpretationen auf dem Klavier zu unterstützen.

Kennzeichnet einen Verlauf über zwei Monate, um Variation für Variation die *Passacaglia in G-Moll* von Georg Friedrich Händel zu entdecken. Eine Aufgabe, die schrittweise klarer wird und die Sie am Ende des Buchs vollständig beherrschen werden! Außerdem finden Sie hier allgemeine Empfehlungen zum Üben.

Jede Woche sind ein paar Seiten des Repertoires Stücken von Komponistinnen gewidmet, die entscheidend für ihre Epoche waren, die aber heute oft vergessen oder unbekannt sind.

Dieses Symbol kennzeichnet Stücke, die Sie am Ende des Buches vollständig finden, oder die Sie in anderen Werken unserer Sammlung finden.

Abkürzungen, die in diesem Buch verwendet werden

Position der Hände

In diesem Buch finden Sie in den Partituren ebenso wie im Text die internationalen Abkürzungen:

- L.H.: *left hand* (linke Hand)
- R.H.: *right hand* (rechte Hand)

Akkordnotation

Wir verwenden in diesem Buch die deutsche Notation in Form von Buchstaben, also C, D, E, F, G, A und H.

Für den Fingersatz

Der Daumen ist der 1. Finger, der Zeigefinger ist der 2. Finger, der Mittelfinger ist der 3. Finger und so weiter.

Und wie fangen Sie nun an?

Vor allem: in Ihrer eigenen Geschwindigkeit. Um sich klaviertechnisch wieder in Form zu bringen, sollten Sie so regelmäßig wie möglich spielen, am besten täglich, wenn Ihnen das möglich ist.

Sie haben mehrere Möglichkeiten.

Nach der in diesem Buch angewandten Methode lernen Sie Tag für Tag technische Fertigkeiten. Dazu werden kurze Kapitel aneinandergereiht, damit Sie genau nach Ihrer Geschwindigkeit vorgehen können. Sie können ein Kapitel jederzeit mehrere Tage lang üben, um ein Stück zu vertiefen, das Ihnen gefällt oder das Ihnen Probleme macht.

Sie können aber auch so vorgehen, dass Sie zunächst die Teile mit Schwierigkeitsgrad 1 spielen und in einem zweiten Durchgang die schwierigeren Stücke üben.

Blättern Sie das Buch durch, lassen Sie sich verführen von Stücken, die Ihnen gefallen, oder von den Entdeckungen, die Sie interessant finden, denn je mehr Sie mit Freude arbeiten, desto stärker wird Ihre Motivation sein!

Viele Übungen und Stücke aus diesem Buch finden Sie auch als Videos auf der Website www.downloads.fuer-dummies.de, direkt auf der Seite zum Buch.

IN DIESEM KAPITEL WERDEN SIE LERNEN

mit benachbarten Noten zu spielen

Terzintervalle zu erkennen

eine Quinttransposition zu erkennen

ein Menuett zu spielen

Tag 1
Montag – Menuett aus benachbarten Noten

Aufwärmen

Hier geht es um Ihre schwarzen Tasten! Legen Sie die fünf Finger Ihrer beiden Hände auf die schwarzen Tasten von *Dis* bis *Cis*.

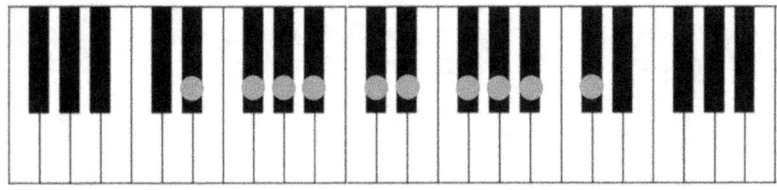

Spielen Sie mit den beiden Daumen zusammen, machen Sie dann in einem langsamen, gleichmäßigen Tempo mit den beiden Zeigefingern weiter, bis hin zu den kleinen Fingern. Kehren Sie dann die Reihenfolge um, und spielen Sie ganz ruhig weiter. Ihre Finger lockern sich allmählich...

Jetzt versuchen Sie den folgenden Fingersatz. Sie können die Noten mit einem Akzentzeichen am Taktanfang leicht betonen.

In diesen beiden Übungen spielen Ihre Hände in entgegengesetzter Bewegungsrichtung.

Notenlesen

Menuet, Jean-Philippe Rameau

Einige von Ihnen kennen dieses kleine Menuett vielleicht schon. Sie können damit wiederholen, was Sie in dieser ersten Lektion gelernt haben. Fast alle Noten sind benachbarte Noten. Erkennen Sie die Terzintervalle? Es gibt sechs davon!

Beide Hände befinden sich in einer Position, in der die Daumen jeweils auf dem *C* sind (linke Hand c^1, rechte Hand c^2). Orientieren Sie sich am Fingersatz, aber Achtung, nach dem Komma (Atemzeichen) muss die rechte Hand wieder in die Ausgangsposition versetzt werden, nachdem Sie im letzten Takt der ersten Zeile den kleinen Finger auf das d^2 gelegt haben. In der linken Hand verändern Sie im Verlauf zweimal die Handposition.

Arr. Mélanie Renaud

Übungen

Übung 1

Es geht weiter mit dem Menuett! Vergleichen Sie die beiden Auszüge: Sie werden viele Gemeinsamkeiten feststellen. Der Rhythmus ist derselbe, die Melodiebewegungen ähneln sich. Tatsächlich ist diese zweite Phrase eine präzise Transposition der ersten! Alles wird genauso gespielt, aber wir positionieren unsere Hände so, dass die Daumen auf dem *G* liegen (g und g^1), das heißt im Abstand einer Quarte tiefer.

Am Ende des zweiten Teils können Sie die erste Phrase wiederholen und das Menuett ist komplett!

Übung 2

Mit den folgenden kleinen Notationen können Sie jedem Finger seine Nachbarn zuordnen.

Eine obere benachbarte Note und eine untere benachbarte Note umgeben nacheinander die Hauptnote.

Für die rechte Hand:

... und für die linke Hand:

Übung 3

Absteigende Noten, abwechselnd mit benachbarten Noten und Terzen.

 Die Fingersätze sollten eingehalten werden, weil sie sich ändern, je nachdem, ob die Notation eine schwarze Taste umfasst.

Repertoire

 Menuet, Élisabeth Jacquet de La Guerre

Lassen Sie sich verzaubern von der einfachen und erzählerischen Melodielinie dieses zweiten kleinen Menuetts!

Beginnen Sie damit, mit jeder Hand separat zu spielen:

- ✔ Versuchen Sie, die Positionsänderungen anhand der Fingersätze zu erkennen.
- ✔ Nehmen Sie sich die Zeit, benachbarte Noten und Terzen zu kennzeichnen. Sie können ruhig einen Kreis darum zeichnen!
- ✔ Suchen Sie auch nach den Notationen, die Sie in der Übung bearbeitet haben.

Wenn Sie anfangen, mit beiden Händen zu spielen, lassen Sie sich Zeit. Versuchen Sie, gleichmäßig zu spielen. Die Geschwindigkeit kommt ganz von alleine, nachdem Sie das Stück ein paarmal wiederholt haben.

 Élisabeth Jacquet de La Guerra (1665–1729) ist die bekannteste französische Komponistin des Ancien Régime.

Sie stammte aus einer Musikerfamilie und spielte selbst virtuos Cembalo. Im Alter von fünf Jahren spielte sie bereits vor Ludwig XIV. Die Frauen am Hofe lernten häufig, ein Instrument zu spielen, aber nur wenige von ihnen haben komponiert und die Musik zu ihrem Beruf gemacht. Damit ist Élisabeth Jacquet de La Guerre eine Ausnahme.

Ihr Stil zeugt von großer Modernität. Sie hat sich in den verschiedensten Musikgenres versucht und sich mit großem Talent von verschiedenen Einflüssen inspirieren lassen. Darüber hinaus war sie eine der ersten Frauen, die eine Ballettoper schrieb.

Sowohl ihre selbst komponierte Musik als auch ihre Interpretationen und hervorragenden Cembalo-Improvisationen wurden vom König und seinen Zeitgenossen sehr geschätzt.

Das Menuett ist ein sehr virtuoser Tanz, der vor allem im 17. Jahrhundert geschätzt wurde. Auch Ludwig XIV., der gerne getanzt hat, mochte ihn besonders gern.

Diese beiden Menuette sind für das Cembalo geschrieben.

IN DIESEM KAPITEL WERDEN SIE LERNEN

verschiedene Musikmodi zu hören

in paralleler und gespiegelter Bewegungsrichtung zu spielen

einen Kanon und eine Imitation zu spielen

ein Repertoire mit beliebten Musikstücken aus dem Osten zu spielen

Tag 2
Dienstag – Béla-Bartók-Tag!

Aufwärmen

Béla Bartók hat alle Arten melodischer Tonleitern geliebt und sie seinen Schülern ab den ersten Stunden am Klavier vorgestellt.

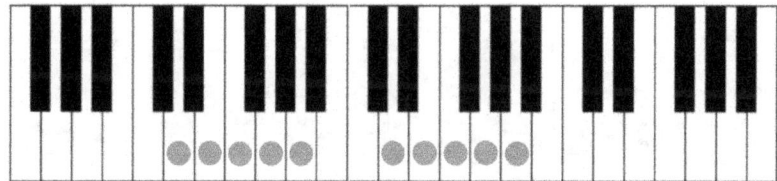

Lernen Sie den dorischen Modus kennen und legen Sie Ihre Hände auf *D* bis *A*.

Anschließend spielen Sie diese kleine Melodie. Halten Sie dabei den Fingersatz ein.

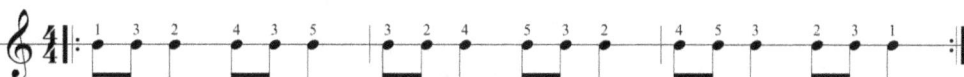

Spielen Sie jetzt dasselbe im phrygischen Modus, indem Sie Ihre Hände um einen Ganzton nach oben verschieben: von *E* bis *H*. Die Melodie wird jetzt völlig anders!

Sie können die Hände noch in den lydischen Modus verschieben (von *F* bis *C*) oder auch in den mixolydischen (von *G* bis *D*).

Notenlesen

 Die folgenden Sequenzen stammen aus dem ersten Heft von Bartóks Klavierschule *Mikrokosmos* (Nr. 11 und 12).

Die erste Sequenz spielen Sie in paralleler Bewegung, die zweite in entgegengesetzter Bewegung (»Reflexionen«, wie Béla Bartók dies nannte).

Übungen

Diese kleinen Übungen sind für sich fast schon kleine Stücke. Sie können damit die verschiedenen Formen der Notation für beidhändiges melodisches Spiel üben.

Übung 1

Hier zunächst ein Kanon. Eine Stimme mit jeder Hand. Die rechte Hand beginnt, die linke folgt ihr und imitiert sie, und dann das Ganze umgekehrt!

Übung 2

Achtung, diese Übung ist voller Fallen! Genau genommen handelt es sich nicht mehr um einen Kanon, sondern um eine Verbindung zwischen beiden Stimmen beziehungsweise Händen, wobei die eine der anderen folgt und sie wieder einholt …, um dann selbst verfolgt zu werden! Eine Notation der Imitation.

Übung 3

Ein *Ostinato* ist ein sich stetig wiederholendes Motiv. Häufig wird es mit der linken Hand gespielt und dient als melodische oder rhythmische Basis für eine Melodie. Hier haben wir einen Fünfvierteltakt, wodurch ein sehr ausgeglichener Eindruck entsteht. Versuchen Sie, sie mehrmals zu spielen und das *Tempo* langsam zu steigern.

Repertoire

Danse, Béla Bartók

Pour les enfants, Arr. Mélanie Renaud

Hier haben wir für die linke Hand ein *Ostinato*, ähnlich einem Dauer- oder Bordunton. Dabei handelt es sich um eine Form der Bassstimme, die ständig wiederholt wird, in der Volksmusik zum Beispiel von der Drehleier.

Diese halben Noten werden mit einem starken Akzent wiederholt, um die Saiten Ihres Klaviers vibrieren zu lassen, während die rechte Hand die einzelnen Noten klar voneinander abgegrenzt spielt, um den Tanz anzutreiben!

La Jeune Mariée, Béla Bartók

Die Begleitung dieses Lieds ist eine Quinte im Bass, die abwechselnd mit zwei höheren Noten gespielt wird: die linke Hand bewegt sich!

Beginnen Sie damit, die Melodie der rechten Hand nur mit der Quinte als Dauerton in der linken Hand zu spielen. Anschließend fügen Sie nach und nach die anderen Noten hinzu, nachdem Sie sie separat geübt haben.

Der Charakter dieses Stückes ist sehr melancholisch. Achten Sie auf das Tempo *Adagio* (das heißt langsam), die Phrasierungs- und Dynamikangaben alle zwei Takte sowie das *Ritenuto* (plötzlich langsamer werdend) am Ende.

Pour les enfants, Arr. Mélanie Renaud

Béla Bartók (1881–1945) war ein ungarischer Komponist und Pianist. Als großer Pädagoge hinterlässt er reichlich Klaviernoten für die Jugend. Von der traditionellen Volksmusik in seinem Land und den Nachbarregionen inspiriert, war er einer der ersten Komponisten der sogenannten »Kunstmusik«, der sie in seine musikalischen Kompositionen aufnahm. Gleichzeitig sammelte er die Volkslieder systematisch und zeichnete sie auf.

À la yougoslave, Béla Bartók

Dieses letzte Stück ist sehr viel fröhlicher. Das Tempo ist mit *Allegretto* angegeben, also fröhlich!

Wir haben hier ein sehr einfaches *Ostinato* mit der linken Hand, das manchmal mit einer kleinen Melodie zusammenfällt, sich manchmal von ihr entfernt, wobei die Nuancen mit jedem Auftreten variieren.

Mikrokosmos, **Band 2, Nr. 40**

> **IN DIESEM KAPITEL WERDEN SIE LERNEN**
>
> Fingerwechsel auf derselben Note durchzuführen
>
> kleine chromatische Tonleitern mit der linken Hand zu spielen
>
> ein Begleitmuster mit der linken Hand zu spielen, das typisch für den Tango ist

Tag 3
Mittwoch –
Der erste argentinische Tango

Aufwärmen

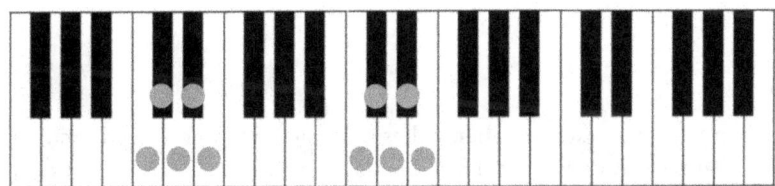

Legen Sie Ihre Finger mit sehr schmaler Hand wie hier gezeigt auf die Tasten. Versuchen Sie, Ihre Finger trotzdem rund und Ihre Unterarme entspannt zu halten. Diese sehr kleinen Intervalle sind Halbtöne und bilden eine sogenannte »Chromatik«.

Dieses Aufwärmen besteht darin, immer ausgehend vom Daumen jeweils zwei Noten zu spielen, wobei jedes Mal die vorhergehende Note wiederholt wird. Sie werden schnell erkennen, dass das nicht mehr ganz bequem ist, wenn Sie beim 4. und 5. Finger angelangt sind, spielen Sie also nicht zu schnell!

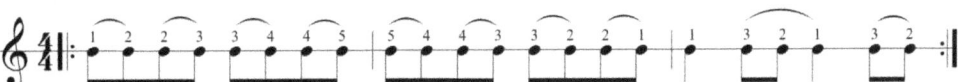

Notenlesen

Vielleicht kennen Sie diese Art Tango? Hier das Hauptelement, die Melodie, die über das gesamte Stück wiederholt wird. Sie wird hier mit einer sehr einfachen linken Hand begleitet, damit Sie sich auf den Fingerwechsel (3-2, 3-2 und so weiter) der rechten Hand konzentrieren können.

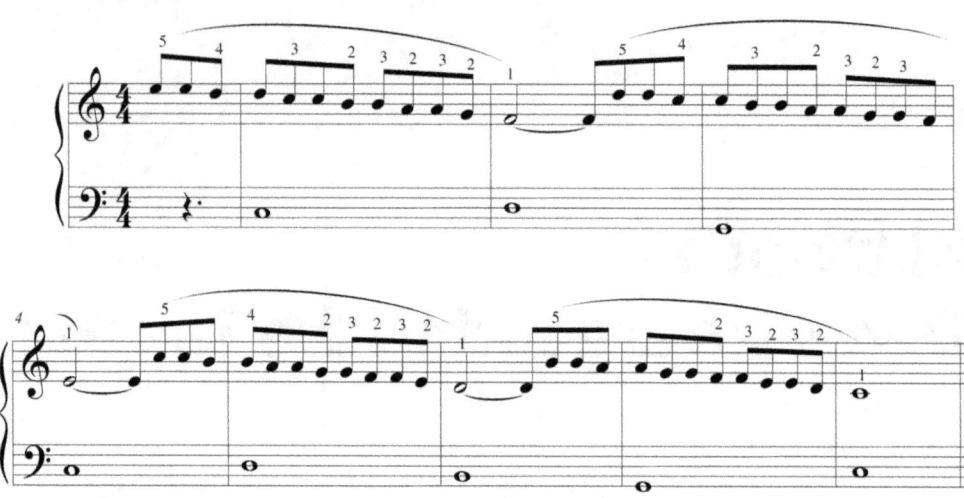

Übungen

Übung 1

In dieser Übung arbeiten Sie am typischen Schema dieses Tangos. Es handelt sich um eine kleine gegenläufige Bewegung (mit den Fingern 3, 2, 1), mit einer chromatischen Bewegung mit der linken Hand. In dieser Übung ist sie zerlegt. Sie beginnen mit dem Daumen und es werden nacheinander die drei Noten hinzugefügt.

Übung 2

In dieser Fortsetzung der vorhergehenden Übung sind ähnliche Schemen voneinander isoliert und in der Reihenfolge dargestellt, wie sie im Stück erscheinen.

Übung 3

In diesem Stück trifft die linke Hand auf ein zweites Schema, das in verschiedene Lagen transponiert wird.

Diese Übung zerlegt es: zuerst vom Anfangston eine Oktave abwärts, darauf vom gleichen Anfangston eine absteigende Quart, dann beide kombiniert.

Übung 4

Die letzte Übung fasst die beiden vorhergehenden Übungen zusammen! Hier geht es um gegenläufige Bewegungen, gefolgt von der linken Hand mit der punktierten Quart-Oktave-Verbindung!

Repertoire

 ### *Mi Buenos Aires querido*, Carlos Gardel

Nachdem Sie die Schemen nun isoliert voneinander geübt haben, versuchen Sie, sie in dem Stück zu erkennen und zu markieren.

 Der Wechsel zwischen einem starken *Legato*-Spiel mit der rechten Hand für die Melodie und den rhythmischen und *staccato* gespielten punktierten Noten mit der linken Hand am Ende der Phrase sorgt für den charakteristischen Klang des Tangos.

TAG 3 Mittwoch – Der erste argentinische Tango

Arr. Mélanie Renaud

Der Tango ist ein Tanz, der sich ab Ende des 19. Jahrhunderts hauptsächlich in Argentinien und Uruguay entwickelt hat. Carlos Gardel, Komponist und Sänger, ist einer der wichtigsten Botschafter des Tangos zu Beginn des 20. Jahrhunderts.

> **IN DIESEM KAPITEL WERDEN SIE LERNEN**
>
> der linken Hand die wichtigere Rolle zuzuordnen
>
> mit der rechten Hand einen Kontrapunkt zu spielen
>
> eine erweiterte Griffposition einzunehmen

Tag 4

Donnerstag – Dialog

Eine erweiterte Griffposition bezeichnet eine Position der Hand, die erforderlich ist, um große Abstände zwischen bestimmten Fingern einzuhalten. Sie kann schwer umzusetzen sein und führt manchmal zu Verspannungen in der Hand oder im Unterarm.

Achten Sie in den folgenden Übungen darauf, Ihre Hände und Arme häufig zu entspannen.

Aufwärmen

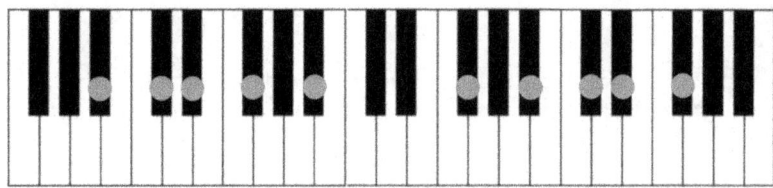

Wir sind wieder auf den schwarzen Tasten: Legen Sie die beiden Hände so auf die Tasten, dass sie symmetrische Abstände einhalten, die linke Hand von *B* bis *B*, die rechte Hand von *Fis* bis *Fis*.

Probieren Sie die folgende bereits bekannte Übung mit der neuen Fingerplatzierung: Die Reichweite Ihrer Hände ist jetzt viel größer.

Dieser zweite Fingersatz bleibt beim Oktavabstand, die häufigste erweiterte Griffposition am Klavier. Ihre Hand wird sich nach und nach an diese Position gewöhnen und sich diesen großen Abstand auf ganz natürliche Weise merken.

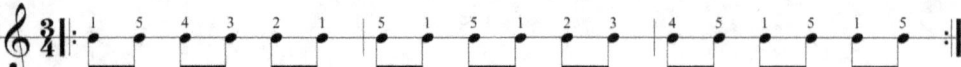

Notenlesen

 Hier folgt das Thema aus dem heutigen Stück. Es wird unisono gespielt, das heißt die beiden Hände spielen gleichzeitig dieselbe Melodie.

 Unisono zu spielen und dabei zu versuchen, die musikalischen Intentionen mit beiden Händen darzustellen, ist hervorragend geeignet, um mit der linken Hand die Phrasierung zu üben!

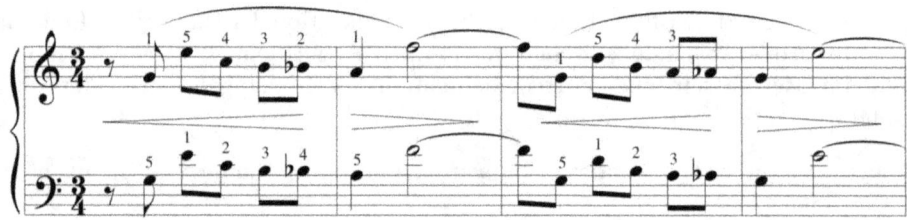

Übungen

Übung 1

Dieser Fingersatz verwendet alle fünf Finger, aber mit unregelmäßigen Intervallen. Wir finden hier kleine chromatische Tonfolgen am Taktende und eine erweiterte Griffposition zwischen dem 5. und 4. Finger in der rechten Hand für die Terz am Taktanfang.

Übung 2

Dieselbe Übung in aufsteigender Bewegung: Jetzt ist es die linke Hand, für die die erweiterte Griffposition 4-5 für die Terz stattfinden muss!

Repertoire

 ***Liebesfreud**, Fritz Kreisler*

Nehmen Sie sich die Zeit, im folgenden Auszug aus dem Musikstück die beiden Ausschnitte zu suchen, die Sie in den Übungen bearbeitet haben. Die erweiterten Griffpositionen mit den Fingern 1-2-3 finden für die linke Hand statt, mit den Fingern 4 und 5 für die rechte Hand.

Zu den ersten Takten für die linke Hand: Markieren Sie sich einfach die ersten vier Noten der beiden ersten Takte, die sich wiederholen und dabei jeweils um einen Ton nach unten verschieben.

Dieses Stück hat einen sehr sanglichen Charakter. Versuchen Sie, es sehr *legato* mit einem weichen Anschlag zu spielen.

Ab Takt 9 nimmt die linke Hand die führende Rolle ein, aber die Melodiemotive in Achtelnoten kommen auch in der rechten Hand vor, wie in einem Dialog.

Arr. Mélanie Renaud

Dieses Anfang des 20. Jahrhunderts von Fritz Kreisler komponierte Stück wurde ursprünglich für Geige und Klavier geschrieben. Es gibt davon zahlreiche Transkriptionen für andere Instrumente sowie für Orchester. Sergei Rachmaninow hat eine virtuose Variante für das Klavier daraus gemacht.

> **IN DIESEM KAPITEL WERDEN SIE LERNEN**
>
> Ihre Daumen einzusetzen, um eine Melodie zu begleiten
>
> für eine Bassstimme das Pedal zu betätigen
>
> eine Partitur mit drei Stimmen zu lesen

Tag 5
Freitag – Die Daumen übernehmen ihre Aufgabe

Aufwärmen

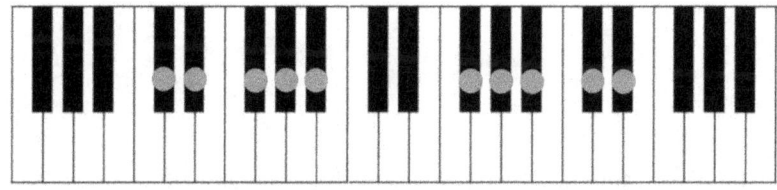

Diese Aufwärmübung berücksichtigt vor allem Ihre Daumen, die manchmal im Fingersatz vernachlässigt werden. Sie werden bei jeder Wiederholung eine andere Variante testen. Die Daumen können große Kraft ausüben, aber auch sehr sanft eingesetzt werden!

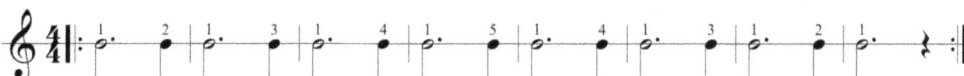

Notenlesen

 ### Schlaflied, Edvard Grieg

Diese einfache und liedhafte Melodie wird einstimmig pianissimo gespielt.

Norwegische Melodie Nr. 7, Arr. Mélanie Renaud

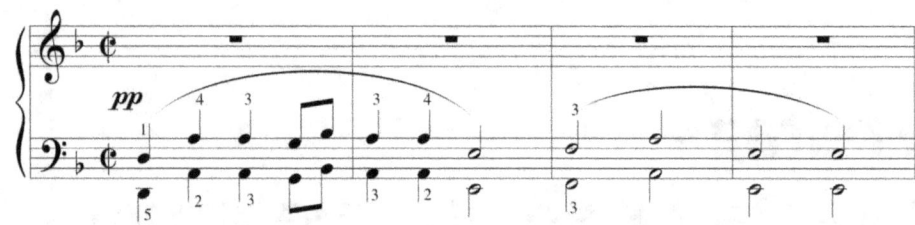

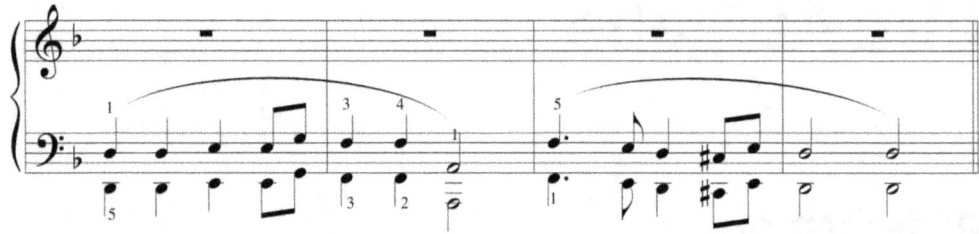

Übungen

Übung 1

Die zweite Präsentation dieser Melodie besitzt eine Begleitstimme in halben Noten, die mit dem Daumen der rechten Hand gespielt werden. Sie können diese Stimme separat üben.

Übung 2

Und auch die linke Hand erhält eine Stimme mit Kontrapunkt, die in halben Noten mit dem Daumen gespielt wird. Die Schwierigkeit ist, dass die halbe Note gehalten wird, während die Viertelnote zu spielen ist, sodass sie mit der nächsten halben Note verbunden werden kann. Dafür ist eine gewisse Unabhängigkeit der Finger erforderlich!

Repertoire

 Jetzt können Sie das Schlaflied mit beiden Händen spielen!

Übung 3

Auf dieselbe Weise fügt Maurice Ravel in *Pavane* in der zweiten Wiederholung des Themas eine Zeile für den Daumen ein, einfach und repetitiv, um die Hauptmelodie voller zu gestalten. Diese Übung zeigt die beiden Auszüge. Achten Sie beim Spiel auf die unterschiedliche musikalische Wirkung.

Bei der zweiten Variante ändert sich der Fingersatz leicht.

Übung 4

Für die linke Hand ergibt sich eine vergleichbare Spielweise, wenn auch etwas einfacher, weil noch repetitiver.

Üben Sie möglichst (und das ist sehr schwierig!), die chromatische Linie zu binden, sprich legato zu spielen, auch wenn der Daumen jetzt vor jeder Wiederholung angehoben wird. Das bedeutet, dass, während der Finger der Unterstimme liegen bleibt, der Daumen von der Taste abgenommen wird, um dann die folgenden beiden Töne zugleich anzuschlagen.

Repertoire

 ### Pavane de la Belle au bois dormant, Maurice Ravel

Dank der Notenschrift mit drei Stimmen können die Tonlagen leichter abgelesen werden. Dadurch sind die Bewegungen der linken Hand besser zu erkennen.

Bei diesem Stück soll versucht werden, eine weiche und märchenhafte Atmosphäre zu schaffen, ohne jegliche Eile oder Kraft!

 In den Takten 5 bis 7 und 13 bis 15 können Sie das Haltepedal (das rechte Pedal!) einsetzen, ebenso für die kleine tiefe Vorschlagsnote, die zu Beginn des Takts gespielt wird. Diese Note dürfte auch über den gesamten Takt schwingen, vorausgesetzt natürlich, sie wird wirklich sehr *piano* gespielt, um die höhere Melodie nicht zu überdecken!

Ma mère l'Oye (Mutter Gans), Arr. Mélanie Renaud

Maurice Ravel (1875–1937) hat 1910 die erste Version dieses Stücks für vierhändiges Klavier für zwei Kinder von Freunden geschrieben. Im Jahr 1911 komponierte er eine orchestrale Version, 1912 ein Ballett zusammen mit der Choreographin Jeanne Hugard. Dieses Stück, inspiriert von den Märchen von Charles Perrault, hat vier weitere Sätze: Petit Poucet (Der kleine Däumling), Laideronnette, Empress of the Pagodas (Die grüne Schlange), Les Entretiens de la Belle et la Bête (Die Schöne und das Biest) und Le Jardin féerique (Der märchenhafte Garten).

> **IN DIESEM KAPITEL WERDEN SIE LERNEN**
>
> in einem der pentatonischen Modi zu spielen
>
> eine Melodie in Quarten zu begleiten

Tag 6
Samstag – Orientalisches Lied

Repertoire

Sakura sakura, Volkslied aus Japan

Sakura sakura ist ein Volkslied aus Japan aus der Edo-Zeit (1600–1868), komponiert für Kinder, die das *Koto* erlernen, ein traditionelles Instrument, dessen Saiten gezupft werden, manchmal auch als »japanische Harfe« bezeichnet. Der heutige Text wurde in der Meiji-Zeit (1862–1912) hinzugefügt und ist seitdem sehr beliebt.

Arr. Mélanie Renaud

Ratschläge für die Übung

Für dieses Lied wird ein musikalischer Modus mit fünf Tönen verwendet. Man könnte ihn auch als »pentatonisch« bezeichnen, auch wenn er sich von dem bekannteren und häufiger verwendeten pentatonischen Modus unterscheidet, der unseren schwarzen Tasten auf dem Klavier entspricht.

Das ganze folgende Stück besteht aus nur fünf Noten, während unsere übliche Tonleiter acht (beziehungsweise sieben, da der erste und letzte Ton identisch sind) Noten umfasst: die westliche Dur- oder Molltonleiter.

Spielen Sie in diesem Modus, um sich mit dieser ganz besondere Klangfarbe bekannt zu machen.

Sie können auch eine kleine Melodie (oder vielleicht mehrere!) improvisieren, indem Sie nur diese fünf Noten verwenden, das aber über die gesamte Klaviatur!

Der erste Teil dieses Stücks präsentiert das Thema des Lieds für die rechte Hand. Die linke Hand begleitet es mit einem Motiv aus vier aufsteigenden Achtelnoten, wie ein kleines Arpeggio (denken Sie an die Harfe!).

Im zweiten Teil übernimmt die linke Hand das Thema. Die rechte Hand spielt eine Begleitung in Quarten.

Für das gesamte Stück empfehlen wir Ihnen die Verwendung des Haltepedals.

TAG 6 Samstag – Orientalisches Lied

> **IN DIESEM KAPITEL WERDEN SIE LERNEN**
>
> einen starren Rhythmus zu spielen
>
> kontrastreiche Nuancen zu erzielen

Tag 7
Sonntag – Symphonien von Ludwig van Beethoven

Ludwig van Beethoven (1770–1827) hat neun Symphonien geschrieben. Die drei bedeutendsten dieser Symphonien, die sogenannten »Ungeraden«, Nr. 5, 7 und 9, sind zwischen 1808 und 1824 entstanden. Seit ihrer Entstehung erzielten sie höchsten Erfolg, der bis heute andauert.

Repertoire

Ode an die Freude, Ludwig van Beethoven

Seit 1972 ist die Ode an die Freude, ein Auszug aus der neunten Symphonie, die offizielle Hymne Europas.

Es handelt sich dabei um ein 1785 von Friedrich von Schiller geschriebenes Gedicht, das Ludwig van Beethoven vertonte.

Ratschläge für die Übung

Die Melodie wird mit der rechten Hand in Terzen präsentiert. Die Hand ist über fünf Noten platziert.

Die Begleitung mit der linken Hand sorgt mit dem repetitiven Rhythmus für die Dynamik.

TAG 7 Sonntag – Symphonien von Ludwig van Beethoven

Symphonie Nr. 9, vierter Satz, Arr. Mélanie Renaud

 ***Symphonie Nr. 7**, Ludwig van Beethoven*

Ratschläge für die Übung

Der starre Rhythmus (Viertel, zwei Achtel, Viertel, Viertel) gibt diesem Auszug seine musikalische Spannung.

Achten Sie darauf, ein konstantes *Tempo* einzuhalten, um die Wirkung der Unausweichlichkeit zu vermitteln.

TAG 7 Sonntag – Symphonien von Ludwig van Beethoven 57

Auch wenn die rechte Hand ab Takt 17 mehr liedhaft spielt, bleibt die linke Hand unerbittlich in ihrem Rhythmus und ihrer Artikulation.

Zweiter Satz, Arr. Mélanie Renaud

 ## *Symphonie Nr. 5*, Ludwig van Beethoven

Der vielleicht berühmteste Satz in Beethovens Gesamtwerk mit diesem Motiv aus vier Anfangstönen, das unter Tausenden wiedererkennbar ist, das sich durch das ganze Stück zieht und den Kampf des Menschen mit seinem Schicksal und dessen endgültigen Triumph ausdrückt!

Ratschläge für die Übung

Ein ideales Musikstück, um echte Kontraste auszudrücken (von *pianissimo* bis *fortissimo*), dennoch erfordert es viel Beweglichkeit, um es in seinem schnellen Tempo erfolgreich zu spielen. Beginnen Sie damit, sich das Stück langsam zu erarbeiten; erst die Hände einzeln in kurzen Abschnitten üben. Beachten Sie die Lagenwechsel der linken Hand (Bass- und Violinschlüssel) und die Haltebögen!

Erster Satz, Arr. Mélanie Renaud

IN DIESEM KAPITEL WERDEN SIE LERNEN

Akkorde und grundlegende Arpeggios zu spielen

mit überkreuzten Händen zu spielen

das Folia-Satzmodell des Barocks zu erkennen

Tag 8
Montag – Tag der Folia

Aufwärmen

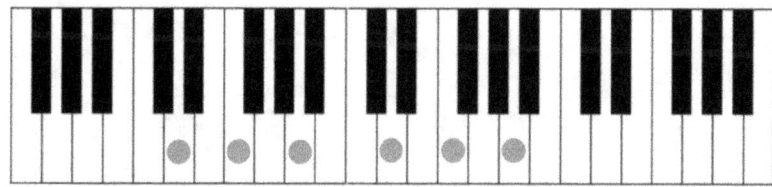

Spielen Sie den *D*-Moll-Akkord, indem Sie Ihre Finger 1, 3 und 5 wie auf dieser Klaviatur gezeigt platzieren. Ein Akkord besteht grundsätzlich aus einer Stapelung von Terzen. Der perfekte Akkord umfasst zwei Terzen, hier: *D-F* und *F-A*.

Wenn Sie die Noten nacheinander spielen, wie nachfolgend gezeigt, erzeugen Sie ein Arpeggio des Akkords *D*-Moll.

Zum Abschluss des Aufwärmens spielen Sie die drei Noten gleichzeitig. Beachten Sie, dass es sehr schwierig ist, drei Noten genau gleichmäßig zu spielen!

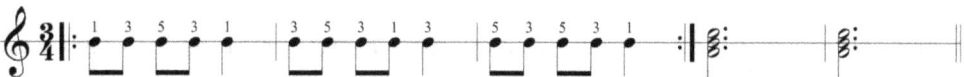

Notenlesen

 *La Folia*, **Arcangelo Corelli**

 Die Folia, auch als »spanische Folia« bezeichnet, ist ein im 15. Jahrhundert entstandenes melodisch-harmonisches Satzmodell, das sich anschließend durch alle Epochen und Kontinente bewegt und zahlreiche Komponisten inspiriert hat. Alessandro Scarlatti, Antonio Vivaldi, hier Arcangelo Corelli und sogar Sergej Rachmaninow haben Variationen geschrieben und diesen wenigen Takten eine Fülle an Einfallsreichtum und Virtuosität verliehen.

Thema

Übungen

Die hier gezeigte Variation (nach Arcangelo Corelli) ist unter Verwendung von Arpeggios geschrieben. Das ist die Gelegenheit, ein paar Akkorde zu üben! Die über den Notenzeichen angegebenen Notennamen helfen Ihnen, den Namen des Akkords (zum Beispiel *Dm* = D-Moll) den Noten des gezeigten Arpeggios (*D-F-A*) zuzuordnen.

Übung 1

Die rechte Hand spielt die Arpeggios, die linke Hand den Bass (den Grundton des Akkords), woraus sich jeweils Oktaven ergeben.

 Um sich die Position der einzelnen Akkorde besser vorstellen zu können, wechseln Sie die Stellung zwischen jedem Akkord, indem Sie die beiden Hände anheben und nicht versuchen, die Noten der linken Hand irgendwie zu verbinden.

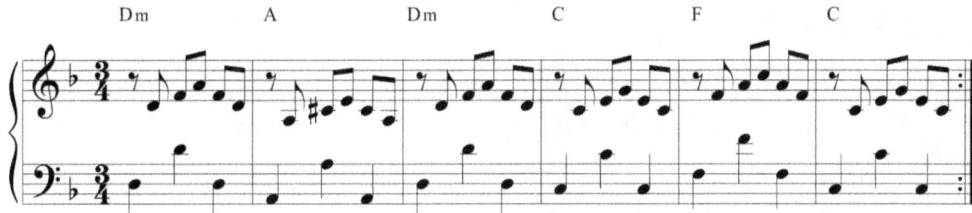

Übung 2

Die rechte Hand spielt dieselben Arpeggios in Achtelnoten weiter. Achtung, die punktierten halben Noten werden mit der linken Hand gespielt, die die rechte kreuzt (auch hier sollten Sie nicht versuchen, die Terzen zu verbinden).

Übung 3

Und jetzt genau umgekehrt. Hier spielt die rechte Hand die punktierten halben Noten, indem sie die linke Hand kreuzt, die wiederum die Achtel spielt.

Übung 4

Die Hände spielen jetzt nicht mehr über Kreuz, sondern wieder die Arpeggios, begleitet von Oktaven, allerdings genau umgekehrt wie in Übung 1!

Repertoire

 Hier finden Sie die Arpeggios wieder, die Sie in den Übungen einstudiert haben.

Nehmen Sie sich die Zeit, die drei letzten Takte zu erarbeiten, die ein wenig anders sind: Die Kreuzung der Hände erfolgt schneller!

Variationen 4 und 5, Arr. Mélanie Renaud

> **IN DIESEM KAPITEL WERDEN SIE LERNEN**
>
> in einem orientalischen Modus zu spielen
>
> das Intervall der übermäßigen Sekunde zu erkennen
>
> mit einer Hand *legato* zu spielen, während die andere *staccato* spielt

Tag 9
Dienstag – Orientalischer Tanz

Aufwärmen

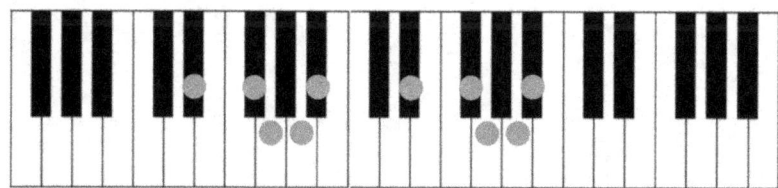

Ein Tag der Folter? Finden Sie es schwierig, die fünf Finger in diese Position zu bringen? Es ist möglich: Schieben Sie die Finger, die die weißen Tasten spielen, zwischen die Finger, die die schwarzen Tasten spielen, sodass sie näher beisammen liegen. Die übermäßige Sekunde befindet sich zwischen *Es* und *Fis*.

Bei diesem Aufwärmen spielen die Hände in einer parallelen Bewegung, die Fingersätze sind jedoch für beide Hände unterschiedlich. Um sich an diese Position zu gewöhnen, die anfangs recht unbequem ist, wiederholen Sie das Aufwärmen mehrfach, bis Ihr Handgelenk entspannt genug ist.

Notenlesen

 ### Im Orient, Béla Bartók

Die übermäßige Sekunde liegt hier zwischen *B* und *Cis*. Die Hände liegen das ganze Stück über auf fünf Noten.

Das Tempo ist *langsam*. Versuchen Sie, das Schwingen der drei Achtelnoten zu spüren.

Mikrokosmos, Vol. 2, Nr. 58, Arr. Mélanie Renaud

Übungen

Übung 1

Die übermäßige Sekunde befindet sich zwischen *Es* und *Fis* der rechten Hand.

Spielen Sie die rechte Hand zunächst separat, um das *Legato* zu üben.

Die Schwierigkeit ergibt sich, wenn die linke Hand hinzukommt, die die Akkorde sehr kurz spielen soll.

Übung 2

Hier gibt es keine übermäßige Sekunde, sondern eine kleine Chromatik für die rechte Hand.

Die Schwierigkeit bleibt dieselbe, nämlich mit beiden Händen unabhängig voneinander zu spielen (*legato* und *staccato*). Außerdem muss die linke Hand verschoben werden, um den Akkord im dritten Takt zu spielen.

Übung 3

Für diese Übung ist eine etwas andere Koordination erforderlich, aber auch sie folgt dem Prinzip der Unabhängigkeit der Artikulation, wobei beide Hände Achtelnoten spielen.

Zurück zur übermäßigen Sekunde: Haben Sie sie entdeckt?

Übung 4

Achten Sie auf den Fingersatz: Ihre rechte Hand muss über den Daumen übersetzen!

Übung 5

Hier begegnen Sie wieder der Position, die Sie beim Aufwärmen geübt haben, und die sie in den Takten 14 und 15 des heutigen Stücks finden.

Die Triolen werden zunehmend schneller gespielt, fangen Sie also nicht zu schnell an, um ihre Regelmäßigkeit beibehalten zu können.

Repertoire

Freylekh, traditionelle Klezmer-Musik

Wie wir in den Übungen gesehen haben, ist die eigentliche technische Schwierigkeit bei diesem Stück, mit der rechten Hand in einer *Legato*-Phrasierung zu spielen, mit der linken in einer *Staccato*-Phrasierung.

Bei der Interpretation des Rhythmus und der Tempi muss auf eine gewisse Flexibilität geachtet werden. Beispielsweise kann es mehr Dynamik erzeugen, in der Wiederholung *accelerando* zu spielen.

Die halben Noten am Ende der Phrasen können als Höhepunkte betrachtet werden. Eine Unterbrechung ist möglich, ebenso ein Atmen zwischen den Phrasen.

Der Freylekh ist ein traditioneller Tanz der Klezmer-Kultur. Ursprünglich wurde Klezmer-Musik zur Begleitung der Tänze verwendet, und die Aufführungen konnten sehr lange dauern. Das Tempo war also nicht gleichmäßig, sondern der Ermüdung der Tänzer (und natürlich auch der Musiker!) angepasst. Diese Unregelmäßigkeit des Tempos wurde somit Teil der Tradition.

TAG 9 Dienstag – Orientalischer Tanz

Arr. Mélanie Renaud

> **IN DIESEM KAPITEL WERDEN SIE LERNEN**
>
> einen Achtel-Puls zu zählen
>
> einen harmonischen Verlauf zu erkennen
>
> ein Arpeggio auszuschmücken

Tag 10
Mittwoch – Barocke Oboe

Aufwärmen

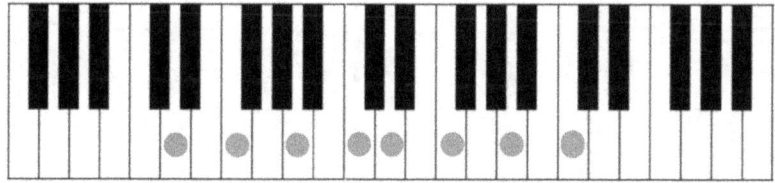

Der Akkord besteht in seiner Grundform aus einer Stapelung von Terzen (siehe Tag 8). Der Akkord in der Grundstellung hat zwei solche Stapelungen, der Septakkord fügt eine dritte hinzu: *D-F*, *F-A* und *A-C*, wofür Sie vier Finger der Hand benötigen!

Sie können Arpeggios in Triolen spielen, wobei Sie in der zweiten Phrase alles um eine Note nach oben verschieben.

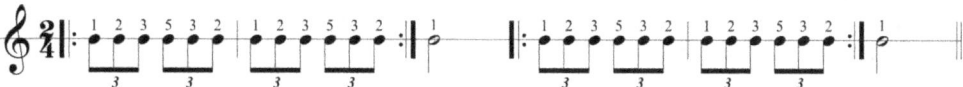

Notenlesen

Konzert für Oboe und Saiteninstrumente, Johann Sebastian Bach

Sie können diesen Auszug ohne die Verzierungen spielen.

Das *Tempo* ist langsam. Beim Notenlesen können Sie auch den Achtel-Puls analysieren.

Ziel ist es, die rechte Hand singen zu lassen.

Setzen Sie kein Pedal ein, sondern versuchen Sie, die linke Hand sehr leise und ohne *Staccato* zu spielen.

Concerto BWV 974, zweiter Satz, Arr. Mélanie Renaud

Übungen

Übung 1

Diese Aneinanderreihung von Akkorden bildet das »Skelett« des heutigen Auszugs.

Es handelt sich um einen absteigenden harmonischen Verlauf, das heißt die beiden ersten Akkorde werden dreimal wiederholt, wobei sie jeweils um eine Note nach unten verschoben werden.

Die nachfolgenden Übungen bauen auf dieser Basis auf, üben Sie sie also gut, bis Sie sie sicher beherrschen.

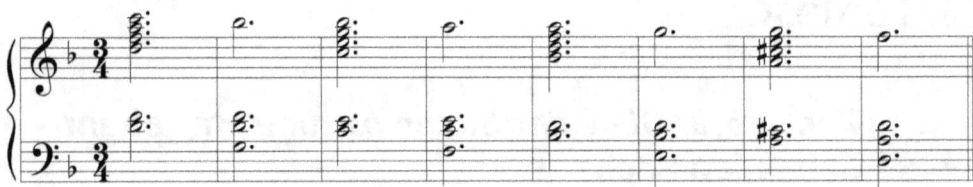

Übung 2

Hier sehen Sie denselben harmonischen Verlauf, aber die Akkorde der rechten Hand werden als Arpeggios gespielt, im Rhythmus verbundener Achtel.

Übung 3

Die hier gezeigte Ausschmückung (die Sie in Takt 6 finden) fügt einfach jeder realen Note der Akkordbrechung eine Note zur Verzierung hinzu.

Die Fingersätze variieren zwischen den Takten abhängig von den Veränderungen.

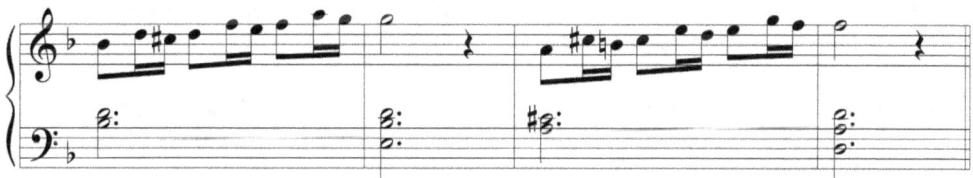

Übung 4

Die folgenden Ausschmückungen (die Sie in Takt 8 und 10 finden) sind umfangreicher: doppelte Verzierungen und Durchgangstöne, unter denen sich skizziert der Ausgangspfad und die eigentlichen Noten der Arpeggios des anfänglichen harmonischen Verlaufs befinden.

Übung 5

Auf dieselbe Weise hier das »Skelett« für die Takte 11, 12 und 13, ebenfalls auf einem absteigenden harmonischen Verlauf basierend.

Übung 6

Und hier eine Ausschmückung, die das erste Achtel verziert und einen Übergangston am Ende des Takts hinzufügt.

 Hier ist die kleine Note ausdrücklich angegeben und wird im Takt gespielt. Sie hat den Wert einer Sechzehntel, wodurch die nachfolgende Note um den gleichen Wert verkürzt wird.

Repertoire

 ### *Concerto für Oboe und Saiteninstrumente*, Johann Sebastian Bach

Wie im ersten Auszug ist das *Tempo* sehr langsam, was eine sehr ausdrucksvolle Ausschmückung gestattet: Sie haben Zeit, die kurzen Notenwerte (Zweiunddreißigstel) ohne Eile melodiös zu spielen!

Diese von der rechten Hand so sanft gesungenen Arabesken wirken wie schwebend, sanft präsentiert und unterlegt mit einem ruhigen und gleichmäßigen Teppich aus Achteln, gespielt von der linken Hand.

Hier können Sie das Pedal verwenden, um ein paar Resonanzen zu erzeugen. Achten Sie jedoch darauf, dabei die Schönheit der Phrasen nicht zu verwischen!

TAG 10 Mittwoch – Barocke Oboe

Concerto BWV 974, zweiter Satz, Arr. Mélanie Renaud

Das ganze Stück finden Sie in den Abschnitten mit den Bonustagen am Ende dieses Buchs.

Das Wort »Concerto« kommt von *concertare*: »wetteifern«, »sich streiten«, und von *conserere*: »aneinanderreihen«. Im Barock war das Concerto ein Dialog zwischen einem Soloinstrument und dem Orchester. Durch ein Spiel aus Erwiderungen und Abwandlungen wird die Kunst der Improvisation, der Ausschmückung und der Virtuosität des Solisten in den Vordergrund gestellt.

Alessandro Marcello (1673–1747) komponiert um 1700 diese Seite des Concerto für Solo-Oboe und Streichorchester. Dank der Transkription für Solo-Cembalo durch Johann Sebastian Bach 1715 (Concerto BWV 974) wurde dieses Stück zu einem außergewöhnlichen Erfolg. In seinem *Adagio*, dem berühmten langsamen Satz, hat Johann Sebastian Bach eine außergewöhnliche melodische Ausschmückung im Vergleich zur Originalversion vorgenommen.

> **IN DIESEM KAPITEL WERDEN SIE LERNEN**
>
> die Hauptmelodie mit der linken Hand zu spielen
>
> Akkorde umzukehren
>
> das Haltepedal taktweise einzusetzen

Tag 11
Donnerstag – Schlaflied für die linke Hand

Aufwärmen

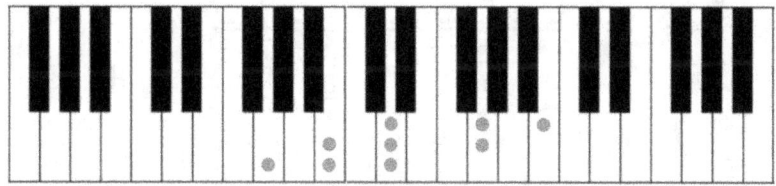

Dieses Aufwärmen erfolgt für beide Hände getrennt.

Ausgehend von der Grundstellung des *G-Dur*-Akkords (*G-H-D*) führen Sie die Umkehrungen aus: 1. Umkehrung: *H-D-G*, 2. Umkehrung: *D-G-H*.

Folgen Sie dem hier gezeigten Fingersatz in aufsteigender, dann in absteigender Bewegung:

Notenlesen

 ***Romanze ohne Worte**, Felix Mendelssohn*

In diesem Auszug üben Sie die Verbindung der verschiedenen Akkorde (Grundstellung und Umkehrungen), gespielt mit der linken Hand. Die Arpeggios werden mit der rechten Hand gespielt.

Spielen Sie in einem moderaten *Tempo*, um die rechte Hand sanft *piano* singen zu lassen.

Op. 53 Nr. 5, Arr. Mélanie Renaud

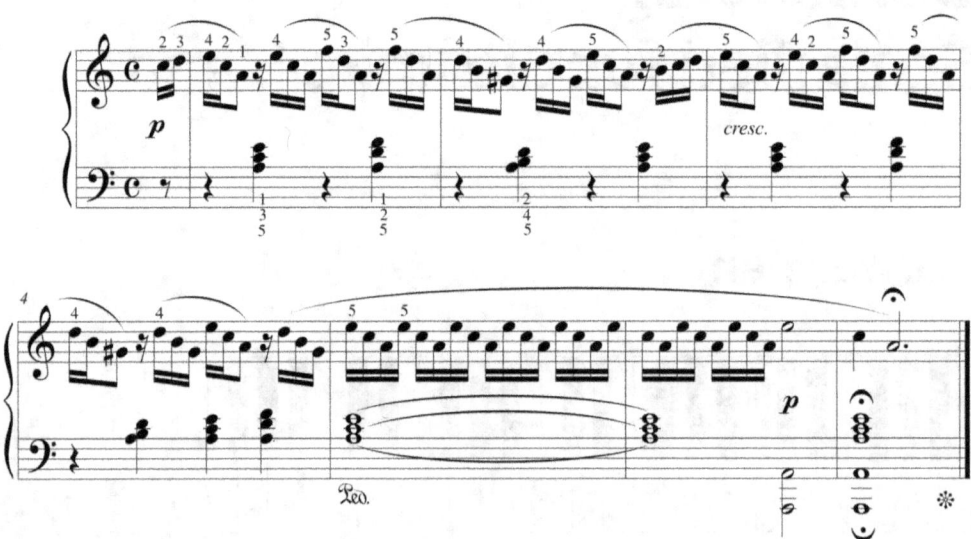

Übungen

Übung 1

Diese Übung für die rechte Hand fasst die Arpeggios aus dem Stück des Tages zu Akkorden zusammen und hilft Ihnen, die Griffe zu lernen.

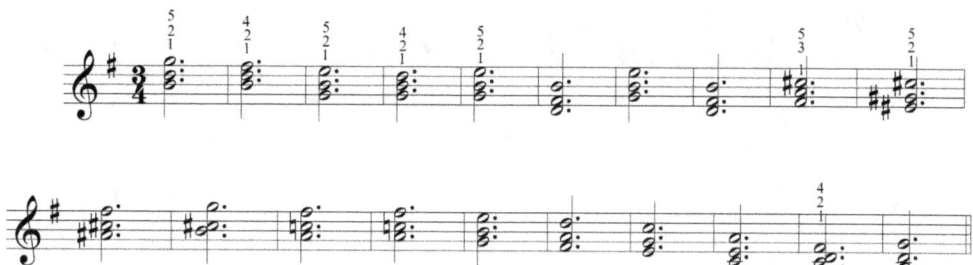

Übung 2

Ausgehend von den obigen Akkorden und unter Beibehalten der Griffe geht es in dieser Übung um regelmäßige Arpeggios in Vierteln.

(Hier können Sie versuchen, zu unterscheiden, ob es sich um Grundstellungen oder Umkehrungen der Akkorde handelt!)

Übung 3

In dieser letzten Übung spielt die linke Hand die Melodie, genau wie in unserem Stück. Hier können Sie sich die verschiedenen Nuancen aneignen.

Beachten Sie, dass die Note der rechten Hand (meistens) eine Oktave von der Note der linken Hand entfernt ist. Diese Note wird das Arpeggio in der endgültigen Version einleiten, daher ist es wichtig, den vorgeschlagenen Fingersatz einzuhalten.

Mit dieser Übung können Sie auch trainieren, das Haltepedal taktweise zu treten. Sie können in dieser »einfachen« Version leichter hören, wenn die Töne harmonisch ineinander übergehen. Prinzipiell ist das rechte Pedal immer getreten, nur zu jedem Taktanfang wird es zugleich mit dem Anschlag der ersten Note kurz gelöst, um sogleich wieder getreten zu werden – wie ein kurzer Reflex. Das lässt die Resonanzen eines jeden Taktes schwingen und mit dem nächsten Takt verbinden, ohne dass dabei die verschiedenen Harmonien ineinander »verschwimmen«.

Repertoire

 Wiegenlied, Marie Jaëll

Bei diesem *Wiegenlied* spielt Ihre linke Hand die Hauptrolle, aber die rechte Hand spielt die meisten Noten. Achten Sie darauf, dass sie nicht dominiert!

Spielen Sie die Melodie mit der linken Hand *mezzo forte*, die Arpeggios jedoch sehr *pianissimo*: es ist schließlich ein sanftes Wiegenlied.

 Marie Jaëll (1846–1925) war eine französische Komponistin, Pianistin und berühmte Klavierpädagogin aus dem Elsass.

Als Wunderkind gab sie bereits im Alter von neun Jahren Konzerte. Später präsentierte sie zusammen mit ihrem Ehemann, ebenfalls Pianist, das große Klavierrepertoire in ganz Europa.

Im Alter von dreißig Jahren begann sie zu komponieren, ermutigt von Franz Liszt, und wurde in die angesehene – und männliche – Gesellschaft der Komponisten in Paris aufgenommen.

Zehn Jahre später bewies sie erneut ihre außergewöhnliche Persönlichkeit. Bereits erfolgreiche Pädagogin, brachte sie sich in die wissenschaftliche Forschung ein und schrieb sich für das Studium der Physiologie, Psychologie und Neurologie an der Sorbonne ein. Ihr Ziel war es, das Verständnis der Mechanismen zu erweitern, die beim Klavierspiel wirken, aber auch beim Erlernen von Musik. Sie veröffentlichte sehr fortschrittliche Arbeiten (unter anderem über Unterrichtsmethoden), die noch heute große Anerkennung finden.

TAG 11 Donnerstag – Schlaflied für die linke Hand

> **IN DIESEM KAPITEL WERDEN SIE LERNEN**
>
> binär notierte Achtel ternär zu spielen
>
> zwei identische Akkordfolgen rhythmisch unterschiedlich zu spielen
>
> zwei verschiedene Versionen eines sehr bekannten Lieds zu spielen

Tag 12
Freitag – Rhythm... and Blues

Aufwärmen

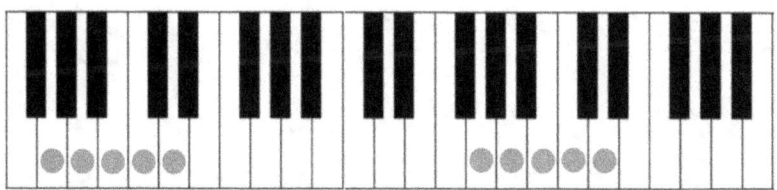

Mit einer sehr einfachen Platzierung der Finger auf den fünf benachbarten Noten von *G* bis *D* beginnen Sie, die Achtel gleichmäßig zu spielen (das heißt binär), nach der folgenden Notation:

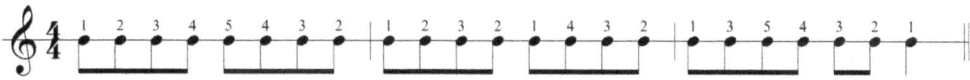

Wenn Sie dieses Motiv mit Blues-Phrasierung spielen möchten, können Sie die Achtel ternär spielen, woraus sich ein abgeänderter Rhythmus ergibt: Die erste Achtel wird doppelt so lange wie die zweite gespielt. Die Noten sind binär notiert, aber sie werden wie folgt gespielt:

Notenlesen

Go down Moses, Spiritual

Go down Moses ist ein Spiritual, inspiriert von einem Satz aus dem Alten Testament: »Der Herr sprach zu Moses: ›Geh zum Pharao und sage ihm: So spricht der Herr: Entlasse mein Volk, dass es mir diene!‹«

Arr. Mélanie Renaud

In dem Lied steht Israel für die afrikanischen Sklaven in Amerika, während Ägypten und der Pharao die Sklavenhalter verkörpern. Claude Nougaro hat die Melodie für sein Lied *Armstrong* aufgegriffen.

In dieser ersten Version ist das Lied mit Text und Akkorden in amerikanischer Notation dargestellt. Die linke Hand spielt Arpeggios, die sich auf die Akkorde des Stücks beziehen, und im dritten Satz einfach die Akkorde. Sie können die linke Hand auch spielen, indem Sie nur den Grundton des angegebenen Akkords hinzufügen, um eine noch einfachere Version zu erhalten. Sobald Sie die Achtelnoten spielen, wenden Sie den ternären Rhythmus an, um diesem legendären Blues ein bisschen mehr Style zu geben.

Übungen

Übung 1

In der Notation für den Refrain sehen Sie an zwei verschiedenen Stellen umgekehrte Rhythmen. Der Übergang vom einen zum anderen ist nicht offensichtlich. Wiederholen Sie diese Übung mehrfach, damit Sie diese Rhythmik perfekt spielen können.

 Versuchen Sie, die Energie zu spüren, die von jeder der beiden Notenschriften ausgeht: Die erste ist mit ihren in Vierteln *forte* akzentuierten Bässen demonstrativer, während die zweite mit dem *piano* gespielten punktierten Rhythmus mehr »Swing« besitzt.

Übung 2

Diese Basszeile enthält ein paar Chromatiken, ein großes Oktavintervall und einen Abstieg benachbarter Noten. Versuchen Sie, die Viertel gleichmäßig zu spielen.

Übung 3

... und nehmen Sie dann den Rhythmus hinzu. Auch hier können Sie ternär phrasiert spielen.

Repertoire

 ***Go down, Moses**, Spiritual*

Diese zweite Version von Go down Moses ist rhythmischer als die erste.

Anfang und Ende sind sehr dynamisch.

Der mittlere Teil ist weicher und lässt die »Ausgeglichenheit« des ternären, blues-phrasierten Rhythmus erkennen.

> IN DIESEM KAPITEL WERDEN SIE LERNEN
>
> in amerikanischer Notation geschriebene Akkorde zu lesen
>
> mehrere Begleitungen für eine Melodie zu spielen

Tag 13
Samstag – Keltische Lieder

Repertoire

 ***Greensleeves*, keltisches Volkslied**

Greensleeves ist ein englisches Volkslied, das von einem unbekannten Komponisten im 16. Jahrhundert zu Ehren einer »Dame mit grünen Ärmeln« (*green*: »grün« und *sleeve*: »Ärmel«) geschrieben wurde. Auch heute ist es noch sehr beliebt, insbesondere im Kino, in der Werbung und in Videospielen.

Arr. Mélanie Renaud

Der Bass dieses Liedes ist einer der bekanntesten Bassläufe, auch als »Romanesca« bezeichnet. Er wird sehr häufig für Tänze oder Weisen im 16. und 17. Jahrhundert verwendet.

Ratschläge für die Übung

Anhand dieser Melodie und den begleitenden Akkorden können Sie eine erste einfache Version mit Akkorden mit der linken Hand spielen. Jetzt können Sie umsetzen, was Sie über Akkorde in der Grundstellung gelernt haben!

Sie können versuchen, einfach am Anfang jedes Taktes den in der Notation angegebenen Akkord anzuschlagen. Beachten Sie hierbei, dass in der amerikanischen (internationalen) Akkordschrift mit *B* der deutschsprachige *H*-Dur Akkord gemeint ist.

Sie können dafür auch die folgende Notenschrift zur Unterstützung verwenden:

Ratschläge für die Übung

In diesem zweiten Durchgang können Sie unter Beibehalten der Akkordpositionen das Lied mit einer Begleitung in Arpeggios mit der linken Hand spielen.

Es gibt zwei Möglichkeiten: in Achteln, ruhig, wobei die Akkorde von unten nach oben in einer stetigen Bewegung in Arpeggios aufgelöst werden, oder in Sechzehnteln, wobei Sie das Arpeggio zunächst aufsteigend und dann absteigend spielen, wie Ebbe und Flut, was dieses Klagelied unterstreicht.

Hier sind beide Versionen der linken Hand gezeigt, Sie können wählen... oder in jeder Strophe wechseln!

Loch Lomond, keltisches Volkslied

Loch Lomond ist ein schottisches Volkslied von 1841, dessen Text mit den Jakobiter-Aufständen des 18. Jahrhunderts in Verbindung gebracht wird.

Arr. Mélanie Renaud

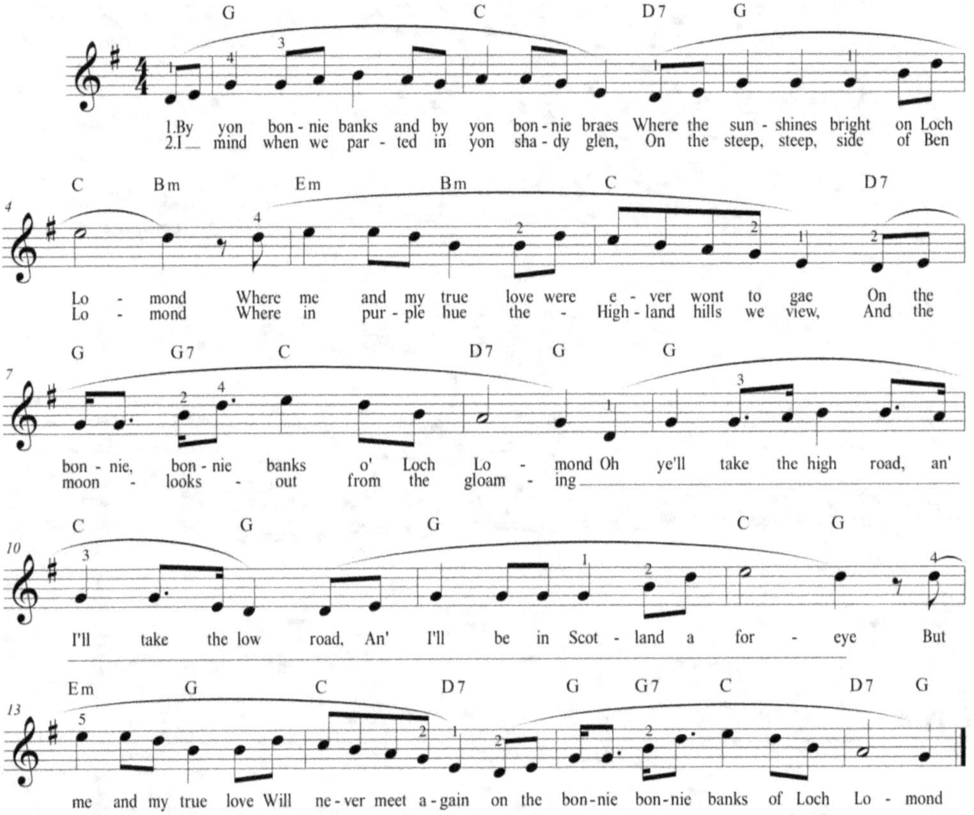

1. By yon bon-nie banks and by yon bon-nie braes Where the sun-shines bright on Loch Lo-mond Where me and my true love were e-ver wont to gae On the bon-nie, bon-nie banks o' Loch Lo-mond Oh ye'll take the high road, an' I'll take the low road, An' I'll be in Scot-land a for - eye But me and my true love Will ne-ver meet a-gain on the bon-nie bon-nie banks of Loch Lo-mond

2. I_ mind when we par-ted in yon sha-dy glen, On the steep, steep, side of Ben Lo-mond Where in pur-ple hue the High-land hills we view, And the moon - looks - out from the gloam-ing

Refrain

Oh ye'll take the high road and I'll take the low road
An' I'll be in Scotland afore ye
But me and my true love will never meet again
on the bonnie, bonnie banks of Loch Lomond

Ratschläge für die Übung

Für dieses Lied mit der Angabe der Akkorde in amerikanischer Notation können Sie unter Verwendung von Akkorden und Arpeggios auch Ihre eigene Begleitung spielen.

Ich schlage Ihnen eine Begleitung mit Arpeggios oder Akkorden auf der Basis von Quinten und Oktaven vor.

> **IN DIESEM KAPITEL WERDEN SIE LERNEN**
>
> mit der linken Hand ein walzertypisches Begleitmotiv zu spielen
>
> komplett in *Staccato*-Noten zu spielen

Tag 14
Sonntag – Nussknacker

Repertoire

Blumenwalzer, Pjotr Iljitsch Tschaikowski

Der Nussknacker, ein Märchenballett in zwei Akten, wurde 1892 am Mariinski-Theater in St. Petersburg geschaffen. Inspiriert von Hoffmanns Märchen *Der Nussknacker und der Mausekönig* erzählt es die Geschichte einer märchenhaften Weihnachtsnacht für die kleine Marie, in der Spielzeuge lebendig werden und sich verwandeln.

Die romantische Musik dieses Balletts gehört zu den berühmtesten Erfolgen Tschaikowskis und wurde in Filmen, im Fernsehen und so weiter vielfach aufgegriffen.

Ratschläge für die Übung

Der Blumenwalzer wird in einem sehr lebendigen *Tempo* gespielt.

Sie finden hier einige chromatische Motive für die rechte Hand, die sanglich eine große Arabeske zeichnet. Achten Sie darauf, die Begleitung mit der linken Hand in ausreichender Leichtigkeit zu spielen, um die wirbelnde Dynamik dieses Walzers nicht zu beschweren.

Das Spiel mit der linken Hand ist typisch für einen Walzer. Der Akkord wird zerlegt, wobei auf den ersten Schlag der Baston, auf den 2. und 3. Schlag die restlichen Akkordtöne gespielt werden.

TAG 14 Sonntag – Nussknacker

Der Nussknacker, Arr. Mélanie Renaud

TAG 14 Sonntag – Nussknacker

 *Tanz der Zuckerfee*, **Pjotr Iljitsch Tschaikowski**

Der Tanz der Zuckerfee ist eine der märchenhaftesten Passagen des Balletts, insbesondere dank Einsatz der Celesta, die einen weichen und kristallklaren Klang erzeugt.

Nussknacker, Arr. Mélanie Renaud

Ratschläge für die Übung

Die *staccato* und *pianissimo* zu spielenden Noten sind leicht und sollen den Klang der Celesta vermitteln.

In der letzten Zeile finden Sie einen kleinen harmonischen Verlauf mit einem Bereich aus benachbarten Noten, die sich in jedem Takt um eine Note nach unten verschieben.

> **IN DIESEM KAPITEL WERDEN SIE LERNEN**
>
> große Arpeggios mit der linken Hand zu spielen
>
> ein Stück ohne Metrik zu spielen

Tag 15
Montag – Erik-Satie-Tag

Aufwärmen

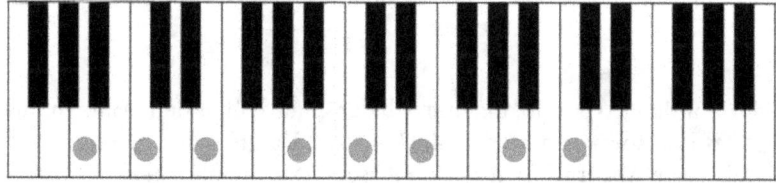

Ihre Hände liegen auf zwei aufeinanderfolgenden Oktaven für die Noten des *A*-Moll-Arpeggios. Spielen Sie glatt und fließend mit abwechselnden Händen in einer Aufwärts- und Abwärtsbewegung und achten Sie darauf, dass die Noten gleichmäßig angeschlagen werden. Achten Sie besonders auf den Übergang zwischen den beiden Händen, wenn die beiden Daumen aufeinanderfolgen.

Dann können Sie Ihr Arpeggio versetzt beginnend auf *H*, dann auf *C* und so weiter spielen.

Notenlesen

 Nach dem Aufwärmen platzieren Sie in diesem Abschnitt die Hände gemäß dem Fingersatz für die jeweiligen Arpeggios. In jedem Takt wird immer derselbe Verlauf (mit der linken Hand mit einer Quinte und Oktaven) gespielt.

Diese großen Arpeggios, die Sie hier mit zwei Händen spielen, werden im Stück des Tages nur mit der linken Hand gespielt.

Übungen

Übung 1

Die linke Hand beginnt mit dem Arpeggio, indem nach der Oktave über den Daumen mit dem 4. Finger übergesetzt und abwärts nach dem 4. Finger der Daumen untergesetzt wird. Hier haben Sie wieder dieselbe Akkordabfolge wie im Abschnitt »Notenlesen«.

Übung 2

Und es wird immer größer! Immer noch mit denselben Arpeggios greift die linke Hand jetzt zweimal über den Daumen, bevor der Abstieg beginnt. Der Verlauf erstreckt sich über mehr als zwei Oktaven.

 Achten Sie darauf, dass die Noten im Arpeggio alle gleich angeschlagen werden. Ihr Daumen ist schwerer und schneller als die anderen Finger, aber er darf keine Betonung erzeugen. Versuchen Sie, Ihr Handgelenk so entspannt wie möglich zu halten, wenn Sie den Übergang durchführen.

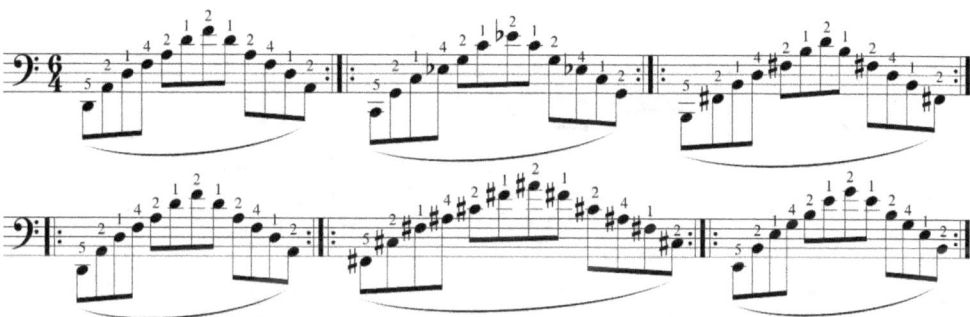

Übung 3

Auch die rechte Hand setzt über den Daumen über, aber in kleineren Intervallen. Sie finden hier wieder benachbarte Noten, Terzen, Chromatiken und übermäßige Sekunden.

Repertoire

 Gnossienne Nr. 4, Erik Satie

Die in diesen Übungen erarbeiteten Arpeggios können mit dem Pedal gespielt werden. Das *Tempo* ist langsam, sodass Sie die beiden Hände gut verbinden können.

Spielen Sie durchgängig *piano* und lassen Sie die Melodie leicht fließen, um die spezielle und schwebende Atmosphäre dieses Stücks wiederzugeben.

Erik Satie (1866–1925) war ein französischer Komponist und Pianist, bekannt für seine Exzentrizität und seinen seltsamen Humor. In seiner Jugend spielte er Klavier im Cabaret »Le Chat noir« am Montmartre. Als echter Wegbereiter der Musik des 20. Jahrhunderts und geistiger Vater der »Group des Six« arbeitete er von den Anfängen an mit den Dadaisten zusammen.

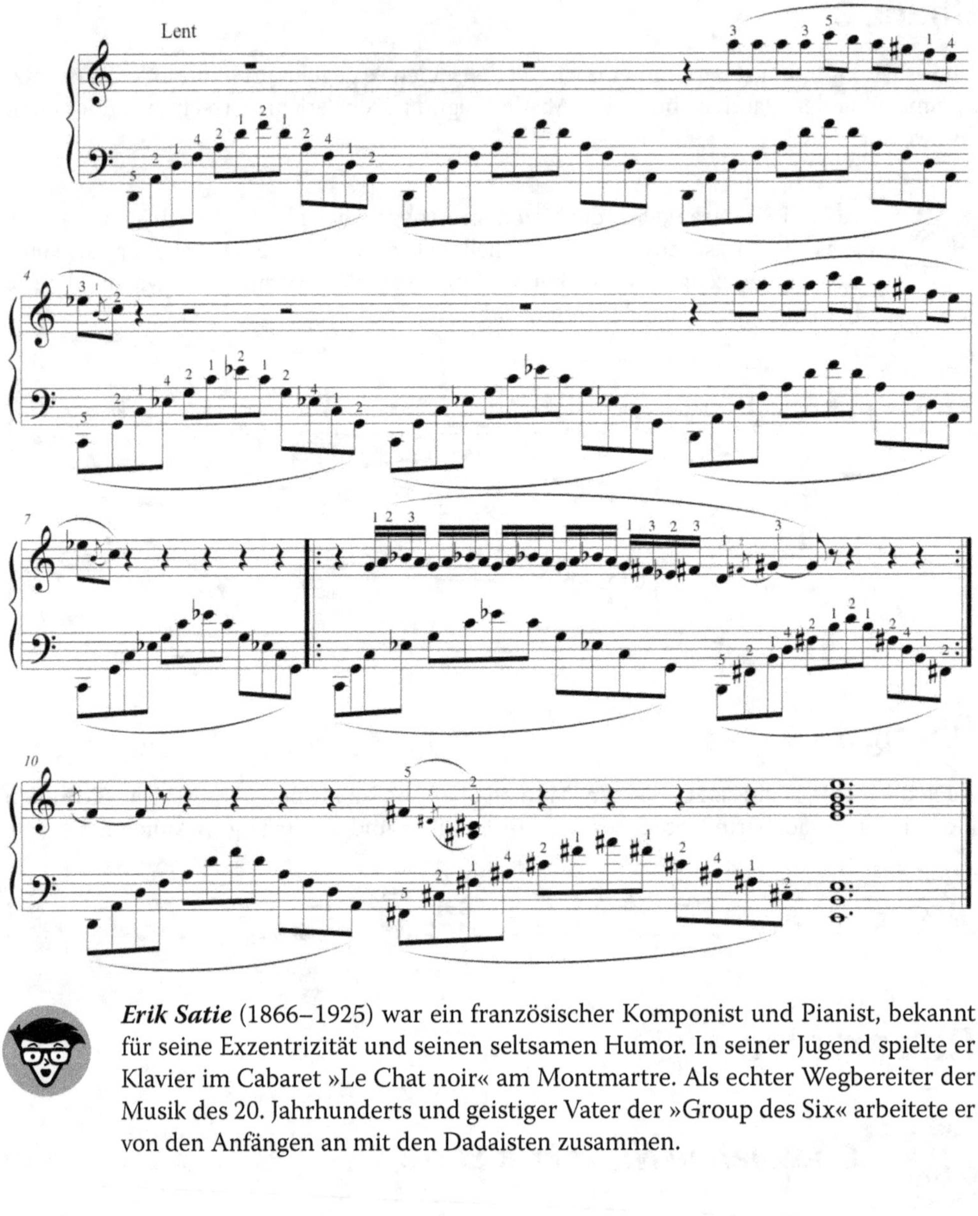

> **IN DIESEM KAPITEL WERDEN SIE LERNEN**
>
> große Arpeggios mit gekreuzten Händen zu spielen
>
> gebrochene Arpeggios zu spielen
>
> eine Melodie auf die beiden Hände aufzuteilen

Tag 16
Dienstag – Authentische Arpeggios

Aufwärmen

Dieser Fingersatz bedarf einiger Erklärungen! Wie beim Aufwärmen von gestern legen Sie Ihre Hände für das Arpeggio in *A*-Moll für zwei aufeinanderfolgende Oktaven (*C* bis *C* für die linke Hand, *E* bis *E* für die rechte Hand) auf die Tasten. Auf beiden Seiten fügen Sie außerdem die beiden äußersten Noten hinzu, indem Sie eine Hand über die andere kreuzen (die rechte Hand geht auf das tiefe *A*, die linke auf das hohe *A*).

Wiederholen Sie den folgenden Ablauf ein paar Mal, bis Sie die Beweglichkeit von gestern wiedergefunden haben.

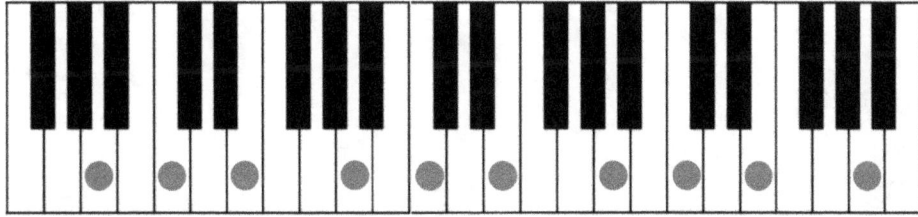

Notenlesen

 ***Engelsstimmen**, Friedrich Burgmüller*

In diesem Auszug erarbeiten Sie das Arpeggio *E*-Moll mit abwechselnden Händen.

Lassen Sie im zweiten Teil die linke Hand fließend wie Gesang klingen.

Etüden Op. 100 Nr. 21

Übungen

Übung 1

Hier folgt die Melodie für das heutige Stück, die Sie mit der rechten Hand spielen können. Der Fingersatz ist dabei egal, weil vor allem wichtig ist, leicht und fließend zu spielen.

Übung 2

Und jetzt dieselbe Melodie wie im Stück, das heißt Sie spielen abwechselnd mit der rechten und der linken Hand. Machen Sie sich mit dem Fingersatz vertraut, da er bereits der endgültigen Version entspricht.

Sie können Übung 1 und 2 abwechselnd spielen, um die Unterschiede besser zu erkennen. Versuchen Sie beim Spielen der Melodie mit beiden Händen, dieselbe Flüssigkeit und denselben Ausdruck zu erzielen wie beim Spiel nur mit der rechten Hand.

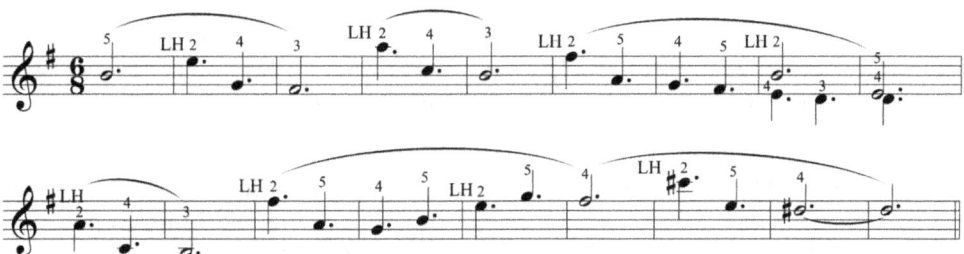

Übung 3

In dieser Übung geht es nur um die Begleitung des Stücks.

Arpeggios, die von einer Hand zur anderen wechseln, allerdings mit ein paar Noten, die nicht in dieser Reihenfolge gespielt werden: Es handelt sich um aufgebrochene Arpeggios.

Wenn Sie mit den Noten vertraut sind, achten Sie auf die Ausdruckszeichen, die für die Dynamik angegeben sind. Sie verkörpern die Bewegung des Bächleins.

Repertoire

 ### *Der Bach*, Mel Bonis

Dieses sehr hübsche Stück, dessen Anfang Sie hier sehen, fordert eine gewisse Lebendigkeit beim Spiel, wie in den Noten angegeben: *presto*. Glücklicherweise ist es auch in einem weniger virtuosen *Tempo* sehr schön anzuhören.

Um die Melodie klar zum Ausdruck zu bringen, spielen Sie jede ihrer Noten sehr deutlich, aber versuchen Sie auch, die Arpeggios für die Begleitung der punktierten Noten sehr genau zu spielen. Ihre Achtelnoten werden zunehmend an Leichtigkeit gewinnen!

Pittoreske und poetische Stücke I, Arr. Mélanie Renaud

Mel Bonis (1858–1937) war eine französische Komponistin und Pianistin.

Die musikalische und pianistische Begabung von Mélanie Hélène Bonis wurden schon sehr früh von einem Freund ihrer Eltern erkannt, der sie von dem für sie vorgesehenen Beruf der Schneiderin befreit.

Trotz einer Scheinehe (aus der drei Kinder hervorgehen), die sie zwang, ihr brillantes Studium am Pariser Konservatorium abzubrechen und ihre große Liebe zu dem Dichter Amédée Hettich zu verbergen, komponierte sie weiter und wählte für ihre ersten Veröffentlichungen das Pseudonym Mel Bonis, um von den Kritikern nicht als Frau erkannt zu werden.

Später wurde sie Mitglied der National Music Society und die erste Frau, die dort 1910 die Position der Sekretärin innehatte.

Ihre sehr umfangreichen Arbeiten (etwa dreihundert Stücke, davon ein großer Teil für Klavier) sind erkennbar an ihrem farbenfrohen Stil, der Postromantik, Orientalismus und Impressionismus verbindet.

> **IN DIESEM KAPITEL WERDEN SIE LERNEN**
>
> eine Begleitung in aufgebrochenen Akkorden zu spielen
>
> die Unabhängigkeit der Finger Ihrer linken Hand zu verbessern
>
> eine rhythmische Begleitung mit Achtelfolgen zu spielen

Tag 17
Mittwoch – Ragtime für kleine Hände

Aufwärmen

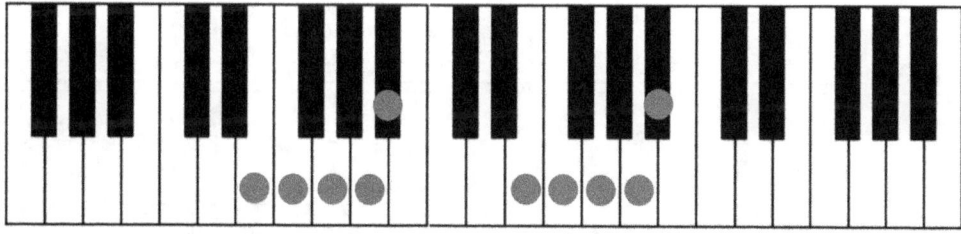

Um diesen leicht unbequemen Griff einzunehmen, legen Sie Ihre Hand diagonal zwischen E und B, nahe an den schwarzen Tasten.

Die Hände spielen in paralleler Bewegung. Dieser kleine Fingersatz sieht ganz einfach aus, aber Sie üben damit, Ihre Finger schnell zu kombinieren. Nehmen Sie sich die Zeit, ihn ein paarmal zu wiederholen!

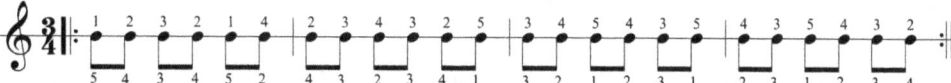

Notenlesen

 **Variationen, Joseph Haydn**

In diesem Auszug ist die linke Hand zweistimmig geschrieben, wobei die grundlegende Bassnote des Akkords gehalten und zwei Noten mit dem Daumen gespielt werden, um die Harmonie zu vervollständigen.

Die rechte Hand spielt eine Melodie aus benachbarten Noten und ist hauptsächlich auf denselben fünf Noten platziert. Achten Sie nur auf das kleine Über- und Untersetzen des 2. Fingers und Daumens, das häufig bei *F* und *E* erfolgt.

Arr. Mélanie Renaud

 Menuett, Franz Schubert

In diesem zweiten Auszug sehen Sie eine weitere Form aufgebrochener Akkorde für die linke Hand. Während im ersten Teil die Akkorde in wiederholten Achteln gespielt werden, sind sie im zweiten Satz gewissermaßen halbiert, wobei die Bassnote vom restlichen Akkord getrennt wird: Das sind aufgebrochene Akkorde.

TAG 17 Mittwoch – Ragtime für kleine Hände

Die rechte Hand spielt ebenfalls eine Melodie aus sehr benachbarten Noten. Achten Sie auf die Wiederholung der verwendeten Rhythmen. Üben Sie die Teile einzeln.

Arr. Mélanie Renaud

Übungen

In diesen drei Übungen gewöhnen Sie die linke Hand schrittweise an das Stück des Tages.

Die Anweisungen erfolgen jeweils über vier Takte, Sie können sie jedoch auf das gesamte Stück anwenden.

Übung 1

Diese Übung besteht darin, den Bass zu isolieren, also die Grundlage des Akkords. Der Fingersatz zeigt die weitere Platzierung der Hand.

Übung 2

In dieser Übung wiederum spielen Sie den gesamten Akkord in wiederholten Achteln, wie im Menuett von Franz Schubert. Hier sehen Sie auch den kompletten Fingersatz.

Übung 3

Diese Übung bildet einen Zwischenschritt hin zum aufgebrochenen Akkord und zeigt eine Variation von Joseph Haydn (Notenlesen 1), wobei der Bass und eine der Akkordnoten wiederholt gespielt werden.

Repertoire

 ***A Breeze from Alabama*, Scott Joplin**

Jetzt werden Sie die linke Hand in ihrer endgültigen Version spielen, in aufgebrochenen Akkorden: Sie spielen abwechselnd den Grundton oder die Terz mit dem restlichen Akkord.

Spielen Sie diese Begleitung rhythmisch und lebendig, indem Sie die Achtelnoten *staccato* spielen.

Die rechte Hand besitzt keine besondere Schwierigkeit, da die Melodie hauptsächlich in benachbarten Noten gespielt wird. Der letzte Teil ist etwas komplizierter, aber Sie haben ihn bereits – ohne es zu wissen – beim Aufwärmen geübt!

 Im Stil des Ragtime oder des Boogie-Piano oder des Rhythm' and Blues heißt die linke Hand mit den aufgebrochenen Akkorden auch gerne »Pumpen«. Häufig werden die Bässe eine Oktave tiefer gespielt und die linke Hand des Klavierspielers bewegt sich unaufhörlich und regelmäßig auf den Tasten von unten nach oben und wieder zurück, womit der Eindruck entsteht, er würde unermüdlich pumpen...

> **IN DIESEM KAPITEL WERDEN SIE LERNEN**
>
> mit der linken Hand *piano* zu spielen
>
> Akkorde für die rechte Hand zu lesen
>
> Ihre großen Arpeggios zu perfektionieren

Tag 18
Donnerstag – Walzer von Chopin

Aufwärmen

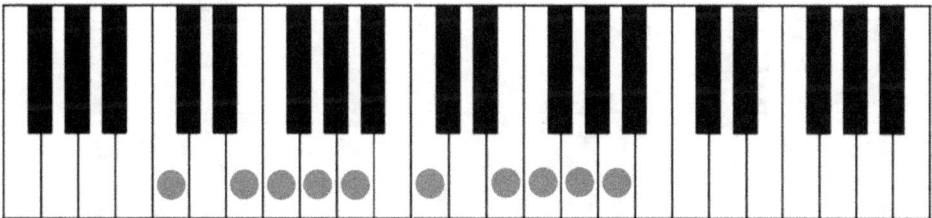

Legen Sie den 5. Finger und Daumen der linken Hand auf *C* und *A* und bei der rechten Hand den Daumen auf *C* und den 5. Finger auf *A*. Spielen Sie dann abwechselnd mit den inneren Fingern der Hand. Beginnen Sie in Viertelnoten und dann in Achtelnoten. Bei dieser Übung spüren Sie, wie die Finger jeder Hand zusammenhängen.

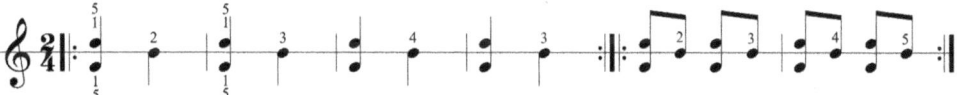

Notenlesen

 **Walzer in A-Moll, Frédéric Chopin**

Hier sehen Sie die ersten Takte dieses Walzers, einer sanften und intimen Weise – wiewohl er zu den »großen brillanten Walzern« von Frédéric Chopin gehört.

Das Thema ist sofort in der linken Hand präsent und wird von kleinen Akkorden der rechten Hand begleitet.

Op. 34 Nr. 2

Übungen

Übung 1

Damit Sie diesen ersten Auszug leichter ausdrucksvoll spielen können, üben Sie zunächst die Melodie nur mit der linken Hand, ohne die zugehörige Bassnote. Nehmen Sie sich die Zeit, dies mehrfach zu üben, bis Sie Ihre eigene Interpretation gefunden haben.

Übung 2

Für die rechte Hand schlage ich die folgende Übung vor, mit dem Ziel, die Akkorde so gut wie möglich zu verbinden, um das Spiel der linken Hand nicht mit Akzenten, die nicht vorgesehen sind, zu unterbrechen!

Dabei soll die obere Note des ersten Akkords als Ausgangspunkt genutzt werden, indem der Daumen angehoben wird, um den nachfolgenden Akkord verbinden zu können, indem der obere Teil verknüpft wird.

Hier ist die Bewegung zerlegt. Üben Sie zunächst sehr langsam. Wenn der Griff für Sie einfach geworden ist, können Sie im realen *Tempo* zwischen den beiden Akkorden wechseln.

Übung 3

In der folgenden Übung erarbeiten Sie die Details der sehr langen Phrase der linken Hand ab Takt 5 des heutigen Stücks.

Übung 4

Hier üben Sie die großen Abstände, die in den Takten 1 und 8 auftreten, damit sie nicht zu einer Unterbrechung der Melodiephrase führen.

Übung 5

In dieser Übung geht es um das häufige Übersetzen des Daumens, das die Schwierigkeiten des Satzes ab Takt 10 darstellt.

Übung 6

Die Notenschrift der rechten Hand ist ab Takt 10 komplexer: Sie weist einen Kontrapunkt auf, der schwer zu greifen ist, weil er in die Akkorde verwoben ist. Hier ist er von den Akkorden isoliert. Sie können das Ganze mit der linken Hand kombinieren, um Ihr Ohr zu trainieren, dies deutlich zu hören.

Repertoire

 ### *Walzer in A-Moll*, Frédéric Chopin

Dieser Auszug befindet sich ganz am Ende des Walzers. Die linke Hand spielt diese wunderbare Weise, bevor sie ein letztes Mal das Anfangsthema aufgreift. Sie können jedoch, wie mit den gestrichelten Linien angedeutet, den im Abschnitt »Notenlesen« gezeigten Auszug spielen, um das Stück abzuschließen.

TAG 18 Donnerstag – Walzer von Chopin

Op. 34 Nr. 2

 Die Walzer von Frédéric Chopin (1810–1849) gehören heutzutage zu seinen berühmtesten Werken. Zu seinen Lebzeiten wurden übrigens nur acht davon veröffentlicht. Heute kennt man siebzehn »offizielle« und darüber hinaus etwa zehn »kleine« Walzer, die in Manuskripten gefunden und noch nicht alle verlegt wurden.

Nur drei davon waren wirklich dafür vorgesehen, getanzt zu werden. Die meisten der anderen verwenden einfach den charakteristischen Dreivierteltakt des Walzers, sind aber Vorlage für den Ausdruck der musikalischen Sensibilität des Komponisten.

> **IN DIESEM KAPITEL WERDEN SIE LERNEN**
>
> eine Melodie aus Akkorden zu spielen
>
> eine Zeile Akkorde zu spielen
>
> die linke Hand in Oktaven zu spielen

Tag 19
Freitag – Akkorde für zwei Hände

Aufwärmen

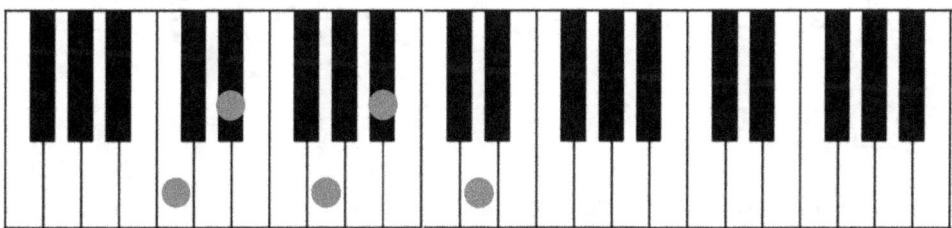

Auf jeder halben Note spielen Sie einen Akkord in der Grundstellung. Sie können diese kleine Partitur mit einer Hand oder mit beiden Händen gleichzeitig spielen. Zur Veranschaulichung sind die Noten der beiden ersten Akkorde auf der Klaviatur gezeigt.

Für den *G*-Moll-Akkord (*Gm*) spielen Sie *G-B-D*. Für den *C*-Moll-Akkord (*Cm*) spielen Sie *C-Es-G*.

Sie werden feststellen, dass die drei folgenden Takte einen absteigenden harmonischen Verlauf darstellen.

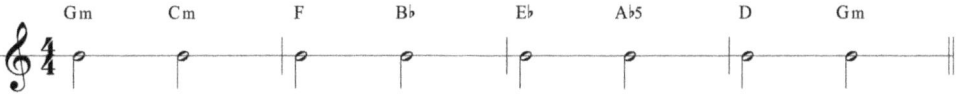

Falls Sie unsicher sind, ist die Umsetzung der idealen Akkorde für die linke Hand im nachfolgenden Abschnitt »Notenlesen« gezeigt.

Notenlesen

 Passacaglia in *G*-Moll, Georg Friedrich Händel

 Heute geht es mit unserem Puzzle los! Hier das Hauptthema der *Passacaglia in G-Moll* von Georg Friedrich Händel, zunächst in einer einfacheren Version präsentiert, anschließend in der Originalversion.

Von diesem Thema ausgehend hat Händel fünfzehn Variationen komponiert, die die Abfolge unseres Puzzles bilden.

Die linke Hand spielt hier Akkorde, die rechte Hand die Melodie in punktiertem Rhythmus mit einem sehr speziellen Charakter.

HWV 432

Die Originalversion weist einige Unterschiede auf: Die Melodie wird mit einer Terz verziert, was viel schöner ist, aber die Ausführung deutlich verkompliziert, Sie werden es merken.

Bei der linken Hand bleibt der Aufbau im Grunde derselbe bis auf ein paar Details bei der Umkehrung von Akkorden oder der Verzierung von Noten.

Übungen

Übung 1

In dieser ersten Übung werden die Akkorde des ersten Satzes des heutigen Stücks aufgegriffen, aber ohne die Wiederholungen. Hier also das Gerüst des Satzes. Wenn Sie sich an die Noten gewöhnt haben, können Sie versuchen, wie angegeben nuanciert zu spielen, weil es nicht ganz einfach ist, über acht Takte *crescendo* von *pianissimo* auf *fortissimo* zu spielen.

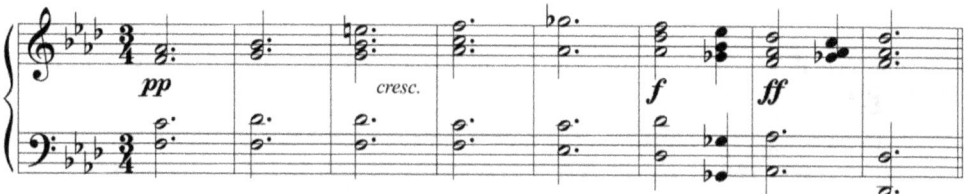

Übung 2

Auch die Wiederholungen der rechten Hand in Achteln sind in dieser Übung weggelassen.

Damit Sie die Melodie besser halten können, spielt auch die linke Hand ohne die Oktaven.

Übung 3

Anschließend fügen Sie Schritt für Schritt die Schwierigkeiten hinzu.

Zuerst die wiederholten Akkorde...

Übung 4

... dann die Oktaven.

Repertoire

Walzer, Ludwig van Beethoven

Jetzt spielen Sie mit beiden Händen in Oktaven und mit Akkorden – ohne im zweiten Teil zu schnell zu sein.

Dieser Walzer hat natürlich ein enormes Temperament, aber achten Sie auch von Beginn an auf die weicheren Klänge, um seine Subtilität nicht zu verlieren.

Dieser Walzer, der in Beethovens Katalog mit WoO Anhang 14 Nr. 2 nummeriert ist, wurde 1828, kurz nach dem Tod des Komponisten (1827), vom Verleger Schott als ein Werk Beethovens veröffentlicht. Zweifelhaft ist aber, dass dieser Walzer, wie viele andere auch, die ihm zugeschrieben wurden, wirklich von Beethoven ist. Er wird tatsächlich nur sehr wenige Walzer für Klavier komponiert haben!

TAG 19 Freitag – Akkorde für zwei Hände

> **IN DIESEM KAPITEL WERDEN SIE LERNEN**
>
> die linke Hand mit »Pumpen« zu wiederholen
>
> das Spiel mit Händen über Kreuz zu üben

Tag 20

Samstag – Russische und Gypsy-Lieder

Repertoire

Kalinka, russisches Volkslied

Kalinka heißt so viel wie »kleine Beere«. Dieses russische Volkslied wurde 1860 als Liebeslied geschrieben und beinhaltet in seiner Originalversion zahlreiche Wortspiele, die schwer zu übersetzen sind.

Wörtlich übersetzt lautet der Refrain:

»Kleine Beere, kleine Beere, meine kleine Beere!

Im Garten gibt es kleine Himbeeren, meine kleine Himbeere!«

Ratschläge für die Übung

Wenden Sie für das »Pumpen« der linken Hand die in Tag 17 vorgestellte Methode an.

Sie können die dort gezeigten Übungen ganz einfach auf die Übung für diesen Tag übertragen.

Die mit der rechten Hand gespielte Melodie sollte Ihnen ebenfalls keine Probleme machen.

Arr. Mélanie Renaud

Schwarze Augen, russisches Gypsy-Lied

Schwarze Augen ist ein romantisches russisches Gypsy-Lied aus dem 19. Jahrhundert. Der Opernsänger Fjodor Schaljapin hat es auch außerhalb des Landes berühmt gemacht. Es wurde von vielen anderen Interpreten vorgetragen und ist nicht nur als Lied ein riesiger Erfolg, sondern auch einer der bekanntesten Gypsy-Jazz-Standards.

Schwarze Augen, leidenschaftliche Augen,
brennende, schöne Augen,
wie ich euch liebe, wie ich euch fürchte!
Seit ich euch sah, habe ich keine gute Stunde mehr.

Ach, ihr seid nicht umsonst von so dunkler Tiefe!
Ich sehe in euch die Trauer über meine Seele,
ich sehe in euch das unbezwingbare Feuer,
auf dem mein armes Herz verbrennt.

Doch ich bin nicht traurig, nicht bedrückt,
glücklich erscheint mir mein Schicksal.
Alles, was Gott uns Gutes im Leben gegeben hat,
hab ich geopfert für diese feurigen Augen.

Ratschläge für die Übung

Hier finden Sie nacheinander zwei für das Klavier arrangierte Versionen.

Eine erste, sehr einfache, wiederholt die Akkorde der Tonart und verwendet eine Partitur mit aufgebrochenen Akkorden (»pumpend«).

In der zweiten wird das Sinti-Temperament der instrumentalen Fassung aufgegriffen (sehr moderat, das versichere ich Ihnen!). Die linke Hand spielt ein paar Fantasien in Form kleiner Arpeggios in Triolen, gefolgt von einer Kreuzung der Hände hin zu einer höheren Note.

 Um den zweiten Teil zu üben, können Sie zunächst die Melodie mit den gekreuzten Noten und dann die Melodie mit den Arpeggios spielen, bevor Sie schließlich beides kombinieren.

TAG 20 Samstag – Russische und Gypsy-Lieder

> **IN DIESEM KAPITEL WERDEN SIE LERNEN**
>
> Akkordwiederholungen mit der linken Hand einzuüben
>
> eine Melodie in Terzen mit der rechten Hand zu spielen

Tag 21

Sonntag – Eine kleine Nachtmusik

Repertoire

Eine kleine Nachtmusik, Wolfgang Amadeus Mozart

Die *Serenade Nr. 13 in G-Dur KV 525* wurde 1787 von Wolfgang Amadeus Mozart für Streichquintett komponiert. Diese Partitur, im Übrigen eines der bekanntesten Werke von Mozart, wurde 1827 überarbeitet, und das Manuskript wurde erst 1943 gefunden! Scheinbar wurde die Partitur ursprünglich in fünf Sätzen komponiert, aber einer davon ging verloren und wurde nie gefunden.

Ratschläge für die Übung

Diese Partitur ist sehr lang. Sie sollten das Stück mehrfach üben – werden aber schnell feststellen, dass Sie bereits kennen!

Vereinfachen Sie zunächst die Teile mit Trillern, indem Sie diese ganz einfach weglassen! Es handelt sich dabei um Ausschmückungen, mit denen Sie Ihr Spiel bereichern können, wenn Sie das Stück beherrschen.

TAG 21 Sonntag – Eine kleine Nachtmusik

Erster Satz, Arr. Mélanie Renaud

TAG 21 Sonntag – Eine kleine Nachtmusik   131

Eine kleine Nachtmusik, Wolfgang Amadeus Mozart

Ratschläge für die Übung

Dieser zweite Satz hat ein sehr viel moderateres *Tempo*. Halten Sie es von Anfang an ein, um die Terzen der rechten Hand wie Gesang klingen zu lassen.

Die linke Hand reduziert sich auf einen einfachen Bass im ersten Teil, anschließend spielen Sie wiederholte Akkorde.

Zweiter Satz, Arr. Mélanie Renaud

> **IN DIESEM KAPITEL WERDEN SIE LERNEN**
>
> die linke Hand über große Abstände zu verschieben
>
> das Pedal taktweise einzusetzen
>
> die Lautstärken *piano* und *pianissimo* zu üben

Tag 22
Montag – Gymnastiktag

Aufwärmen

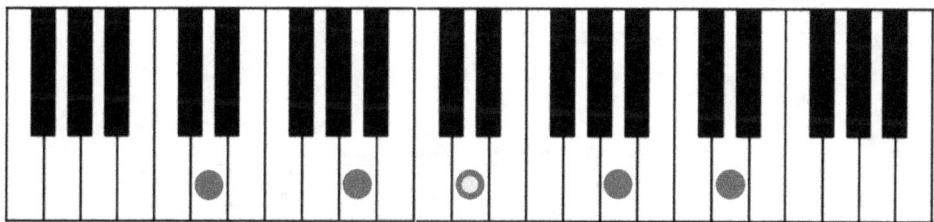

Ihre beiden Daumen liegen auf dem mittleren *D* des Klaviers und Sie müssen ein wenig üben, um die Handhaltung und den fünften Finger flexibel zu machen, beginnend mit dem nächsten *A*, dann mit dem *D* für die ganze Oktave, und dann bis hin zum nachfolgenden *A*. Dann geht es weiter bis zum nächsten *D* über zwei Oktaven. Dazwischen kehren Sie nach jedem Verschieben immer wieder zurück zum mittleren *D*.

Auf diese Weise ertasten Sie weite Abstände und werden sich Ihre Klaviatur physisch merken können.

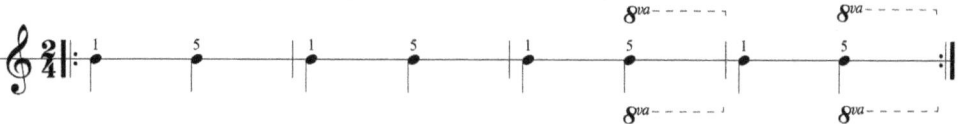

Notenlesen

 ### Zweite Gymnopedie, Erik Satie

Nichts ist besser für die Vorbereitung auf eine Gymnopedie (Gymnastik) wie ein Auszug aus einer anderen Gymnopedie!

Die drei *Gymnopedien* von Erik Satie sind äußerst bemerkenswert! In jeder davon gibt es diese Abfolge für die linke Hand mit einem sehr tiefen Bass und einem Akkord im mittleren Register. Außerdem sind sie geprägt von ruhigen Melodien mit benachbarten Noten und absteigender Tendenz, das Ganze in einem sehr langsamen *Tempo*, das zur melancholischen Atmosphäre dieser Stücke beiträgt.

In diesem ersten Auszug gibt es nur zwei abwechselnde Bässe und Akkorde, die zwar im Violinschlüsselsystem der rechten Hand notiert sind, aber von der linken Hand gespielt werden.

 ### Dritte Gymnopedie, Erik Satie

In diesem zweiten Auszug gibt es vier unterschiedliche Akkorde und einen kurzen Abschnitt mit der rechten Hand, das Ganze in einem sehr sanften Ausdruck.

Übungen

Übung 1

Ganz nach dem Konzept, die Arbeit in einzelne Etappen zu zerlegen, um sich das Stück leichter erarbeiten zu können, können Sie diese ganze Gymnopedie üben, indem Sie dem Prinzip der beiden nachfolgend gezeigten Partituren folgen: die eine nur mit Basstönen, die andere nur mit Akkorden in der linken Hand.

Übung 2

Sechs kleine Übungen, die die beiden ersten Akkorde detailliert aufschlüsseln, und die Sie auf alle Akkorde anwenden können, die Ihnen Probleme machen. Die Idee ist, jede der Stimmen der Akkorde separat zu spielen, dann zwei der drei.

Repertoire

Erste Gymnopedie, Erik Satie

 Nach der Lektüre von Gustave Flauberts *Salambo* kam Erik Satie auf die Idee, Klavierstücke inspiriert von den Tänzen des antiken Griechenlands zu schreiben. Mit ihrer ersten Veröffentlichung 1888 gehören sie zur Montmartre-Periode des Komponisten. Ihre wahre Berühmtheit sollte sich jedoch erst in den folgenden Jahren ergeben, zwanzig oder dreißig Jahre später, dank ihrer ätherischen Modernität und frei von den Regeln der klassischen Musik. Damit inspirierte Satie Generationen von Musikern, unter anderem – insbesondere – die avantgardistischen Strömungen unter der Führung von John Cage, Vater der konzeptionellen Musik, oder später Brian Eno, Begründer der *Ambient*-Musik.

Sie finden in dieser Gymnopedie den mixolydischen Modus an mehreren Stellen.

Um das Stück vollständig zu spielen, wiederholen Sie es komplett und modifizieren Sie nur den letzten Akkord – dieser muss in Moll gespielt werden, das heißt mit einem *F* (Auflösungszeichen!) in der rechten Hand.

TAG 22 Montag – Gymnastiktag

> **IN DIESEM KAPITEL WERDEN SIE LERNEN**
>
> Sexten mit der rechten Hand zu spielen
>
> Doppelgriffe zu verbinden
>
> mit vier Vorzeichen zu spielen

Tag 23
Dienstag – Walzer in Sexten

Aufwärmen

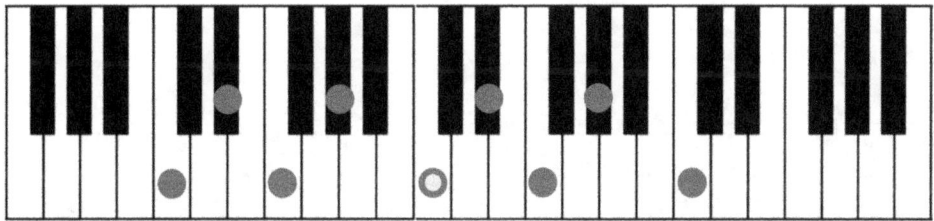

Legen Sie Ihre fünf Finger in diesen großen Abständen auf die Tasten. Die Daumen teilen sich eine Taste, das C.

Anhand der folgenden Formel können Sie mit Doppelgriffen in parallelen Bewegungen experimentieren. Lassen Sie Ihre Unterarme locker. Wenn Sie fühlen, dass sich Ihre Muskeln verspannen, spielen Sie die Übung mit getrennten Händen, das ist auch sehr gut!

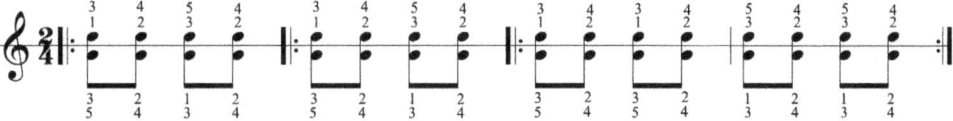

Notenlesen

 **Walzer, Antonín Dvořák**

Dieser Auszug kann in zwei Teile untergliedert werden, bei denen es sich fast um zwei Transpositionen derselben Musik handelt. Die eine davon ist jedoch in Moll notiert, mit der Lautstärke *piano*, die andere in Dur, mit der Lautstärke *forte*.

Die rechte Hand spielt fast immer in Sexten, das ist die Hauptschwierigkeit dieses Auszugs. Die Fingersätze müssen genau eingehalten werden und es muss auf die Phrasierung der Verbindungen geachtet werden, um die Oberstimme so gut wie möglich zu binden. Die linke Hand folgt einer Notation, die Sie bereits gut kennen, mit ein paar wenigen zusätzlichen Noten.

Op. 54 Nr. 7, Arr. Mélanie Renaud

Übungen

Übung 1

Diese erste Übung und das erste Beispiel helfen Ihnen, sich die Melodie zu merken, indem Sie nur die Oberstimme der Sexten mit der rechten Hand spielen.

Im zweiten Beispiel ist es umgekehrt: Sie spielen die Unterstimme mit dem Daumen und dem Zeigefinger.

Diese beiden Beispiele gelten stellvertretend für das gesamte Stück.

Übung 2

Diese Übung soll das Greifen der Sexten und der anderen Doppelgriffe am Ende des Walzers verbessern.

 Achten Sie darauf, dass die beiden Noten wirklich gemeinsam gespielt werden – hören Sie genau hin! Häufig werden sie nur annähernd genau gespielt. Versuchen Sie, schrittweise Ihr Gehör dafür zu verbessern – ebenso Ihre Grifftechnik, um die Noten optimal synchron zu spielen.

Übung 3

Hier nun dieselben Sexten und weitere Doppelgriffe, aber mit einer weiteren Verschiebung innerhalb der Verbindung.

Repertoire

 Berühmter Walzer, Johannes Brahms

Bei diesem Arrangement entspricht die rechte Hand genau der Originaltranskription.

Für ein flüssigeres Spiel wurde die linke Hand vereinfacht. Diese »leichtere« Version behält jedoch die (großen!) Verschiebungen der Originalversion bei, was ein vorbereitender Schritt in Richtung der eigentlichen Notation sein kann, in der mehr Akkorde vorgesehen sind, die jedoch auf dieselbe Weise gegriffen werden.

Op. 39 Nr. 15, Arr. Mélanie Renaud

 Dieser Walzer war ursprünglich Teil einer Sammlung für Klavier für vier Hände, die Brahms (1833–1897) im Jahr 1865 schrieb. Seine Originaltonart ist *A*-Dur, aber seit der ersten Ausgabe von 1867 erschienen arrangierte Versionen für Klavier solo in zwei Versionen: leicht und schwer mit einigen Tonartwechseln. Diese Walzer waren zur Überraschung des Komponisten sofort ein Erfolg. Der fünfzehnte ist bei Weitem der beliebteste – so sehr, dass er manchmal sogar als der »berühmte Walzer« bezeichnet wird.

> **IN DIESEM KAPITEL WERDEN SIE LERNEN**
>
> Ihre linke Hand immer weiter zu verschieben
>
> Ihre linke Hand immer schneller zu verschieben
>
> Ihre linke Hand mit einem Bass in Oktaven zu verschieben

Tag 24

Mittwoch – Ihre linke Hand, ein Hochleistungssportler

Aufwärmen

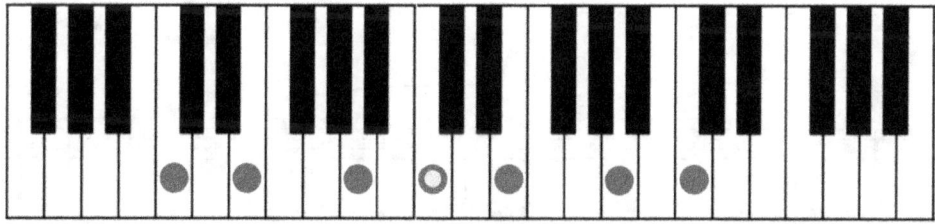

Dieses Aufwärmen wiederholt das Aufwärmen von Tag 22 – mit einem erhöhten Schwierigkeitsgrad. Das bedeutet aber gleichzeitig, Sie machen Fortschritte!

Hier treffen sich Ihre beiden Hände ebenfalls in der Mitte der Klaviatur auf einer gemeinsamen Note (C) für den Daumen, aber jede Note wird um eine zweite Note in einer Terz (A für die linke Hand, E für die rechte Hand) verdoppelt. Jede Hand zielt mit dem fünften Finger abwechselnd auf die beiden anderen auf der Klaviatur gezeigten Noten, wobei er sich immer weiter entfernt. Das Ganze ist ein bisschen wie eine Pirouette, also haben Sie Spaß und seien Sie nicht am Boden zerstört, wenn Sie beim ersten Versuch scheitern! (Und auch bei den nächsten...) Sie werden sich mit jedem Versuch weiter annähern.

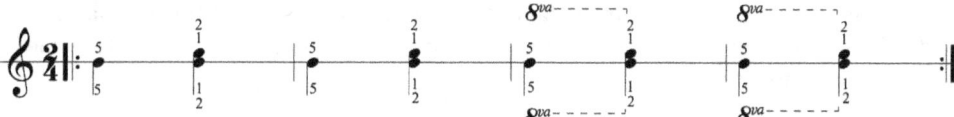

Notenlesen

 ### Fascination, Fermo Dante Marchetti

Mit diesem kleinen Auszug können Sie die Verschiebungen mit einem Bass in Oktaven üben. Das Ganze ist recht einfach gehalten, die Akkorde sind eine Abfolge von Terzen oder Sekunden und die rechte Hand spielt eine einfache Melodie. Sie können sich außerdem auf die Genauigkeit der Verschiebungen Ihrer linken Hand konzentrieren.

 Fascination wurde von dem italienischen (in Paris ansässigen) Komponisten Fermo Dante Marchetti (1876–1940) im Jahr 1904 geschrieben, zunächst in Form eines instrumentalen Walzers unter dem Titel *Valse tzigane*, bis er schließlich auf Anfrage der großen Sängerin Paulette Darty zu einem der symbolhaften Lieder der Belle Époque wurde – und ein zeitloser Erfolg.

Arr. Mélanie Renaud

 Sie finden diesen Walzer vollständig am Ende des Buches im Bonuskapitel »Walzer«.

 ### Walzer, Antonín Dvořák

Im folgenden Auszug spielt die linke Hand den ersten Takt in stetiger Wiederholung. Die rechte Hand ist auf fünf (sechs) Noten platziert, die sich nicht verändern. Die ideale Gelegenheit, Ihre Schnelligkeit zu testen!

Spielen Sie diesen kleinen Walzer zu Beginn ganz ruhig und wiederholen Sie ihn mehrfach. Versuchen Sie dabei, das *Tempo* schrittweise zu steigern!

Op. 54 Nr. 2

Übungen

Übung 1

Jetzt wollen wir Verschiebungen in Oktaven üben! Dazu können Sie beispielsweise zuerst mit der linken Hand alleine üben, zunächst nur mit dem Daumen, dann nur mit dem kleinen Finger.

Übung 2

Um mit beiden Händen gemeinsam zu spielen, können Sie ebenfalls schrittweise vorgehen: Spielen Sie zuerst die rechte Hand und mit der linken Hand nur die Oktaven. Anschließend spielen Sie die Übung erneut, diesmal mit der linken Hand nur die Akkorde.

Repertoire

 Freylekh Zain, traditionelle Klezmer-Musik

In diesem Tanz gibt es mehrere unterschiedliche Abschnitte.

Der erste Satz spielt in einem moderaten *Tempo*, das Ihnen gestattet, Ihre Verschiebungen in Oktaven mit der linken Hand zu üben.

Der zweite Teil ist schwieriger, weil die linke Hand sehr viel Flexibilität beweisen muss, um diese großen Verschiebungen durchzuführen. Eine der Lösungen besteht darin, die tiefsten Noten eine Oktave oberhalb ihrer Notation zu spielen, um den Griff zu vereinfachen und Geschwindigkeit aufnehmen zu können. Die Tapferen unter Ihnen können das Abenteuer natürlich auf sich nehmen – Sie werden viel Spaß haben!

Der dritte Satz wird wirklich sehr schnell gespielt, aber hier findet keine Verschiebung der linken Hand statt: Sie können sich jedoch vom Klezmer-Fieber anstecken lassen!

Ganz allgemein ist zu sagen, dass viele Noten *staccato* sind, weil es sich um eine sehr springende Musik handelt. Im ersten Satz besteht die Aufgabe der linken Hand darin, die Oktave zu greifen und so lang wie möglich klingen zu lassen (auch wenn es sich nur um ein Achtel handelt), bevor der Akkord sehr klar *staccato* gespielt werden.

Diese Abwechslung führt zum typischen Klang dieses Musikgenres, insbesondere in den moderat schnellen Passagen.

Arr. Mélanie Renaud

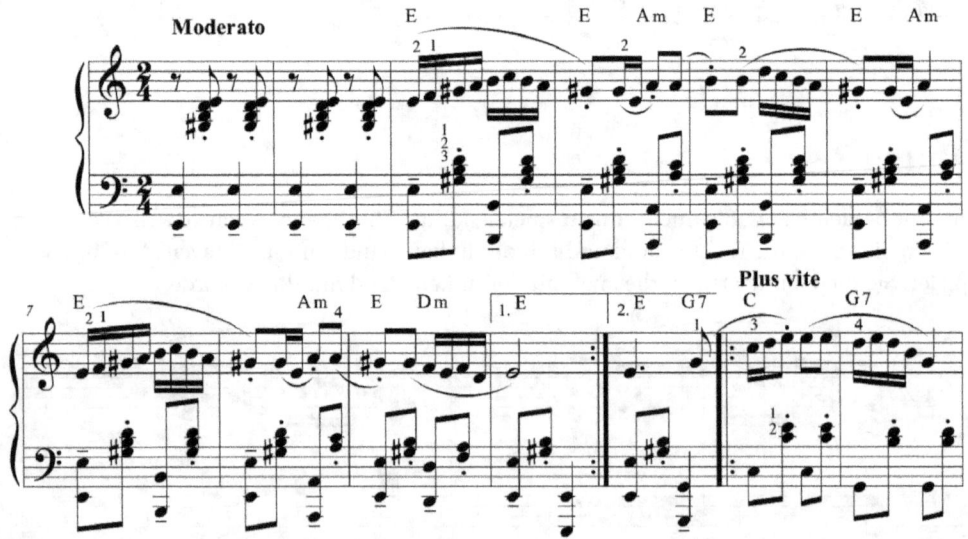

> **IN DIESEM KAPITEL WERDEN SIE LERNEN**
>
> die Struktur einer Variation zu einem Thema zu erkennen
>
> einen als harmonischen Verlauf notierten Bass zu spielen
>
> die Flexibilität Ihrer linken Hand in sehr schnellen Läufen zu perfektionieren
>
> fünf neue Puzzleteile zu spielen

Tag 25
Donnerstag – Puzzletag für die linke Hand

Aufwärmen

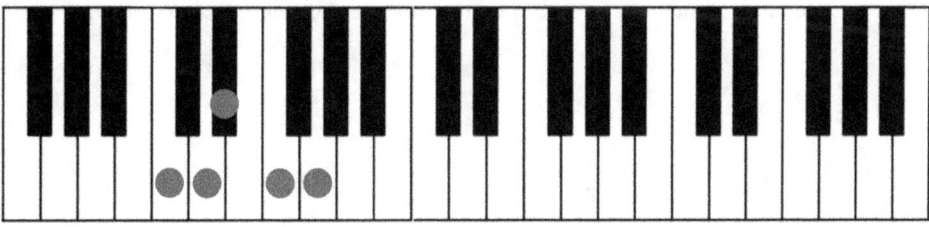

Lesen Sie gegebenenfalls in Tag 19 nach, wenn Sie Erklärungen zum Akkordmuster des Themas benötigen.

Bei diesem Aufwärmen spielt Ihre rechte Hand die Akkorde (in der Grundstellung) in halben Noten, während die linke Hand eine kleine Basslinie aus Achtelnoten spielt, um in benachbarten Noten vom ersten zum zweiten Akkord jedes Takts zu gelangen.

Als Beispiel sehen Sie auf der Klaviatur die ersten Töne der linken Hand: *G-F-Es-D-C*, um vom *Gm*-Akkord (*G*-Moll) zu *Cm* (*C*-Moll) zu gelangen.

Während der gesamten Übung müssen Sie an die beiden *b-Vorzeichen* der Tonart der Passacaglia denken: *B* und *Es*, und im letzten Takt benötigen Sie bei D-Dur ein Fis.

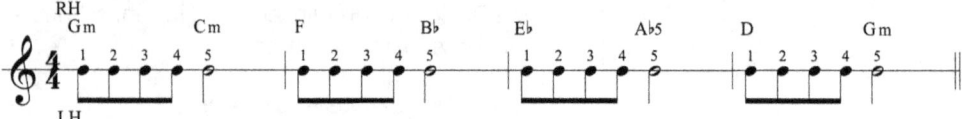

Notenlesen

 Passacaglia in G-Moll, **Georg Friedrich Händel**

 In der ersten nachfolgend gezeigten Variation finden Sie die Basszeile, die Sie heute spielen werden, erweitert um eine weitere Folge von Achtelnoten, um vom zweiten Akkord zum ersten Akkord des nachfolgenden Takts zu gelangen. Die linke Hand spielt fortlaufend Achtel.

Für die rechte Hand finden Sie genau wie im Thema eine Melodie in Terzen, aber in einem ruhigeren Rhythmus.

In der zweiten Variation geht die Form für die linke Hand über vier Achtel und wiederholt sich in unterschiedlichen Höhen abhängig von den Änderungen der Akkorde.

Das Motiv der rechten Hand geht über drei Noten, die ebenfalls dem Ablauf folgen.

HWV 432

Übungen

Übung 1

Die linke Hand übt hier die Verbindung von Arpeggios in der ersten Umkehrung.

 Versuchen Sie, dass sich Ihre Hand die Form des Arpeggios merkt, damit Sie vom einen zum anderen übergehen können, ohne die nicht genutzten Finger zu bewegen. Denken Sie bei diesen Motiven ohne Erweiterungen daran, die Finger rund zu halten, und fest in den letzten Gliedern.

Übung 2

Diese Abfolge von Tonleiterausschnitten vervollständigt die oben gezeigten Arpeggios.

 Halten Sie den Fingersatz wie gezeigt ein. Er Ihnen hilft, die verschiedenen Achtelnotengruppen ohne Unterbrechungen zu verbinden.

Übung 3

Üben Sie jedes dieser kleinen Motive separat, um sich an die verschiedenen Abfolgen und Übergänge zwischen Daumen und Fingern zu gewöhnen, und versuchen Sie dabei, die Achtel gleichmäßig zu spielen.

Übung 4

Eine Übung für die rechte Hand, um den kleinen Finger für das heutige Stück in den Takten 8 und 12 am Ende des Satzes zu trainieren.

Bevor Sie die rechte Hand so spielen, wie sie im Stück notiert ist, spielen Sie diese beiden Versionen, die einerseits die obere Stimme und andererseits die unteren Stimmen voneinander trennen.

Repertoire

 ### *Passacaglia in G-Moll*, Georg Friedrich Händel

Sie werden vielleicht bemerken, dass ich keine Übung zum dritten Teil bereitgestellt habe. Der Grund dafür ist, dass er eine Übung für sich darstellt, nämlich die Akkorde des Themas in Arpeggios zu spielen.

Anlässlich unseres wöchentlichen Tags für die linke Hand erfolgt hier eine Annäherung an diese drei Teile des Puzzles, aber Sie werden feststellen, dass sie sich nicht in der Originalversion befinden.

HWV 432

 In der Renaissance war die Passacaglia ein langsamer Tanz in Dreiermetrik, der vom Adel stilisiert und geschätzt wurde. Allmählich entwickelte er sich zu einer Form ähnlich der Chaconne und des Generalbassspiels, deren gemeinsames Hauptmerkmal das Vorhandensein einer Bassfolge ist, auf die man eine Vielzahl von Variationen komponieren kann.

Diese Passacaglia ist eines der beliebtesten Cembalostücke von Georg Friedrich Händel. Es ist der *Suite Nr. 7 in G-Moll (HWV 432)* entnommen. Seither wurden davon zahlreiche Transkriptionen für verschiedene Instrumente erstellt.

> IN DIESEM KAPITEL WERDEN SIE LERNEN
>
> mit gekreuzten Händen zu spielen
>
> sich auf der Klaviatur zurechtzufinden

Tag 26
Freitag – Gekreuzte Hände

Aufwärmen

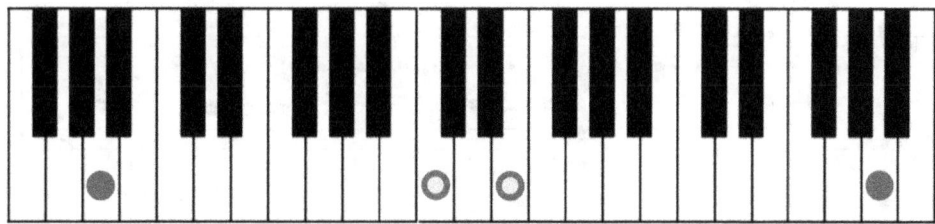

Jede Hand kreuzt die jeweils andere.

Die linke Hand beginnt in der Mitte der Klaviatur auf dem *E* und *C*, dann kreuzt die rechte Hand die linke zu den tiefen Tönen.

Ab dem vierten Takt kehrt sich das Ganze um.

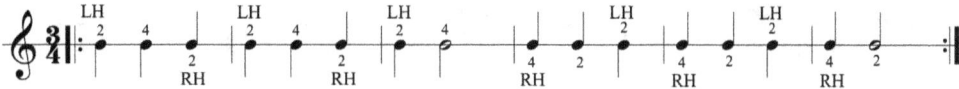

Notenlesen

 Cotillon in 18 Teilen, Maria Szymanowska

Sehen Sie sich die Vorzeichen genau an, bevor Sie anfangen zu spielen! Der eigentliche Auszug ist nicht sehr schwierig.

Die linke Hand spielt abwechselnd den Bass und die Melodie, während die rechte Hand einen kleinen Teppich aus Sechzehntelnoten darunterlegt.

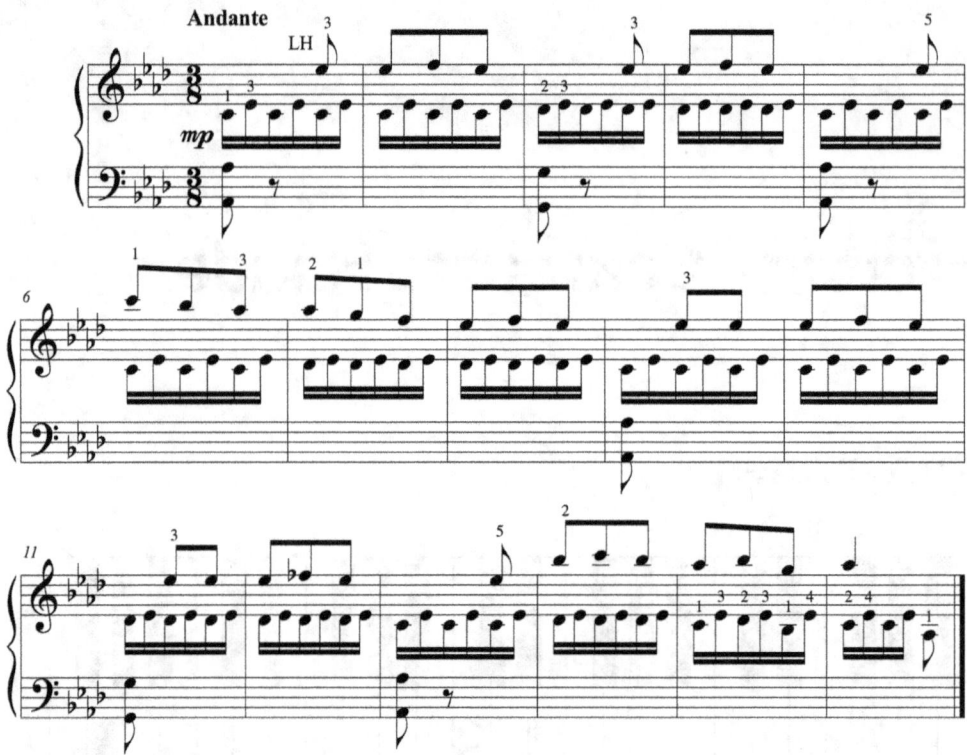

Thema und Variationen, Joseph Haydn

Ein weiterer Auszug für gekreuzte Hände: Hier kreuzt die rechte Hand die linke und die linke Hand spielt gleichmäßig kleine Arpeggios.

Übungen

Übung 1

Diese kleinen Motive aus dem Stück des Tages müssen flexibel und gefühlvoll gespielt werden, wobei die Finger präzise platziert werden und ein exakter Anschlag erfolgt.

Übung 2

Das erste Kreuzen der rechten Hand bereits in Takt 1 ist das schwierigste, weil der Daumen eine große Strecke zurücklegen muss. Diese Zeile bereitet Sie darauf vor. Üben Sie die rechte Hand separat, indem Sie jeden der Abschnitte mehrfach wiederholen, bis Sie den Ablauf perfekt beherrschen.

Übung 3

Hier vorab eine Zusammenfassung der Ereignisse des heutigen Stücks!

Mit diesen Takten haben Sie alle Platzierungen, die Sie brauchen. Sie können klar zwischen den Verläufen der Takte unterscheiden und sie sich besser merken.

Übung 4

Hier finden Sie die kleinen Abläufe für Takt 9 und die folgenden. Diese Übung hilft Ihnen auch, die Positionen der Hände zu visualisieren.

Repertoire

 Trio-Extrakt aus der Polonaise, **Maria Szymanowska**

 Maria Szymanowska (1789–1831) war eine polnische Pianistin und Komponistin.

Geboren in Warschau in einer bürgerlichen Familie mit zehn Kindern, erhielt Maria Szymanowska eine musikalische Ausbildung. Obwohl ihr Ehemann (von dem sie in sehr jungen Jahren drei Kinder hatte) und ihre Schwiegereltern gegen ihre Karriere waren und es für unangemessen hielten, dass eine Frau aus guter Familie öffentlich auftrat, gelang es ihr mithilfe ihrer Brüder, sich als eine der ersten professionellen virtuosen Pianistinnen zu behaupten.

Bis in die 1820er-Jahre gab sie Konzerte in ganz Europa. bevor sie sich dauerhaft in St. Petersburg niederließ, wo sie den Titel als erste Pianistin am Hof der Kaiserin von Russland innehatte.

Sie wurde von Goethe sehr bewundert und war eine große Inspiration für Frédéric Chopin, der ihr Klavierwerk fortsetzte und weiterentwickelte, indem er Ausdruckskraft, Leidenschaft, Klangstudium und brillante Technik vereinte.

Dieses Stück hat eine sehr ornamentale Aufteilung. Deshalb ist es wichtig, seine Struktur, die Bewegungen der Hände und die Noten, die die Harmonie gliedern, vorab zu klären. Darüber hinaus gibt es viele kleine Ausschmückungen, Noten für Übergänge, Verzierungen und Triller, die Sie nicht spielen müssen, wenn sie Sie ausbremsen. Aufgrund der Virtuosität der Partitur ist ein flüssiges *Tempo* wichtiger als die Ausschmückungen.

TAG 26 Freitag – Gekreuzte Hände

> **IN DIESEM KAPITEL WERDEN SIE LERNEN**
>
> die typische Begleitung für einen Walzer in einem flüssigen Tempo zu spielen
>
> eine Begleitung in Arpeggios anhand von Akkordsymbolen zu spielen

Tag 27
Samstag – Französische »Retro«-Lieder

Repertoire

 Frou-Frou, **französisches Lied aus der Belle Époque**

 Frou-Frou wurde von Henri Chateau komponiert und ist ein Walzer, der 1897 im Theater Variétés de Paris aufgeführt wurde.

Das Stück war ein großer Erfolg und jeder kennt diese Melodie und den Refrain.

Der Text ist allerdings ein wenig veraltet...

Strophe 2

La femme ayant l'air d'un garçon
Ne fut jamais très attrayante,
C'est le frou-frou de son jupon
Qui la rend surtout excitante !...
Lorsque l'homme entend ce frou-frou
C'est étonnant tout ce qu'il ose
Soudain il voit la vie en rose...
Il s'électrise, il devient fou

Strophe 3

En culotte, me direz-vous
On est bien mieux à bicyclette,
Mais moi je dis que sans frou-frous
Une femme n'est pas complète !...
Lorsqu'on la voit se retrousser
Son cotillon vous ensorcelle...
Son frou-frou, c'est comme un bruit d'aile
Qui passe et vient vous caresse !...

Ratschläge für die Übung

Hier finden Sie die Melodie für die rechte Hand und eine sehr klassische Begleitung des Walzers für die linke Hand: einen Baston und zwei Akkorde pro Takt, hier in einer Version ohne Oktave, damit Sie sich vor allem auf das Tempo und den Schwung dieses Liedes konzentrieren können.

Arr. Mélanie Renaud

Le Temps des cerises, französisches Lied

Le Temps des cerises wurde 1868 von Antoine Renard komponiert und 1871 schnell mit der Commune de Paris in Verbindung gebracht, zum Teil weil sein Autor, Jean-Baptiste Clément, während der Blutigen Woche kämpfte, aber auch wegen der Worte, die an »Blutstropfen« oder eine »offene Wunde« im Herzen erinnern.

TAG 27 Samstag – Französische »Retro«-Lieder 167

Arr. Mélanie Renaud

Strophe 2

Mais il est bien court, le temps des cerises
Où l'on s'en va deux, cueillir en rêvant
Des pendants d'oreilles…
Cerises d'amour, aux robes pareilles,
Tombant sous la feuille en gouttes de sang…
Mais il est bien court, le temps des cerises,
Pendants de corail qu'on cueille en rêvant !

Strophe 3

Quand vous en serez au temps des cerises,
Si vous avez peur des chagrins d'amour,
Évitez les belles !
Moi, qui ne crains pas les peines cruelles,
Je ne vivrai pas sans souffrir un jour…
Quand vous en serez au temps des cerises,
Vous aurez aussi des chagrins d'amour !

Ratschläge für die Übung

Die hier gezeigte Version ist sehr einfach und reiht einfach Akkorde in Achtel-Arpeggios aneinander.

Sie können eine andere Variante spielen, beispielsweise mit Arpeggios in Sechzehnteln oder aufgesetzte Akkorde, aufgebrochene Akkorde und so weiter. Lassen Sie sich von den vorigen drei Samstagen inspirieren, um andere Begleitungen zu finden, und versuchen Sie, sie aus den gezeigten Akkorden aufzubauen.

> **IN DIESEM KAPITEL WERDEN SIE LERNEN**
>
> im Sechsachteltakt zu spielen
>
> Verschiebungen um Oktaven durchzuführen

Tag 28
Sonntag – Peer Gynt

Repertoire

Morgenstimmung, Edvard Grieg

Peer Gynt ist ein poetisches und philosophisches Drama, das 1876 in Oslo nach einem Text von Henrik Ibsen entstand, mit einer Bühnenmusik von Edvard Grieg, die hauptsächlich zum Erfolg des Stückes beitrug.

Anschließend überarbeitete Edvard Grieg diese erste Version, um zwei Suiten daraus zu machen (Op. 46 und Op. 55), von denen er mehrere Versionen komponierte: für Orchester und für Klavier, insbesondere für vier Hände.

Morgenstimmung ist eines der berühmtesten Stücke des Komponisten, häufig im Fernsehen, im Kino und in der Werbung zu hören ... und von allen Orchestern auf der ganzen Welt gespielt!

Ratschläge für die Übung

Die Melodie wird Sie leiten, aber achten Sie auf den Sechsachteltakt und seine Balance, ebenso auf die Betonungen: In diesem Stück geht es um den Sonnenaufgang, deshalb gibt es ein großes *Crescendo*, das langsam wieder in einen sanften Verlauf übergeht.

Die beiden anderen Auszüge aus *Peer Gynt*, Anitras Tanz und Solveigs Lied, finden Sie im Bonuskapitel *Peer Gynt*.

 ## In der Halle des Bergkönigs, Edvard Grieg

Die Helden des Stücks geraten in eine Welt mit Zwergen, Trollen und Dämonen und wollen ihr entkommen...

Ratschläge für die Übung

Beginnen Sie nicht zu schnell mit dem Spiel!

Nehmen Sie sich wie in Tag 26 die Zeit, sich auf dem Klavier zu orientieren. Dieses Stück ist um ein sich oft wiederholendes Motiv organisiert, enthält jedoch immer wieder Variationen der Tonhöhe, die mithilfe von Oktavierungszeichen dargestellt sind, die während der Wiederholungen auftreten können.

Ab Takt 18 finden Sie auch Noten, die mit dem Daumen gehalten werden (siehe Tag 5).

Peer Gynt, Arr. Mélanie Renaud

TAG 28 Sonntag – Peer Gynt

> **IN DIESEM KAPITEL WERDEN SIE LERNEN**
>
> Verzierungen mit zwei Händen zu spielen
>
> parallele Umkehrung von Arpeggios mit sich annähernden Händen zu spielen

Tag 29
Montag – Vogelgezwitscher

Aufwärmen

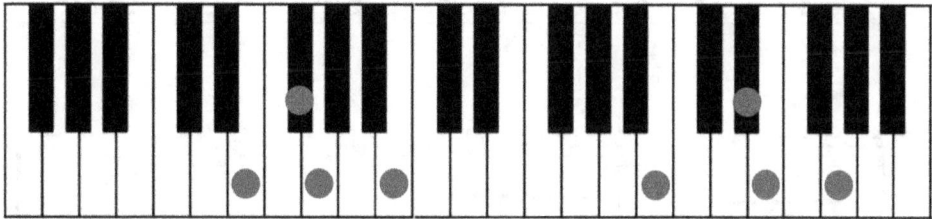

Legen Sie Ihre Hände auf das Arpeggio für *E*-Moll mit einem zusätzlichen Halbton neben dem mittleren Akkordton.

Dieses Aufwärmen erfolgt in parallelen Bewegungen.

Versuchen Sie ab dem mittleren Halbton mit größter Leichtigkeit schrittweise eine zweite kleine Note einzufügen, dann eine dritte, in der angegebenen Reihenfolge (erst aufsteigend, dann absteigend).

Verkrampfen Sie sich nicht, die Geschwindigkeit wird kommen, ebenso wie die Lebendigkeit und die Präzision Ihrer Griffe, und damit auch die Geschmeidigkeit.

Notenlesen

 Trio, Joseph Haydn

Sie können diese kleine Musik zunächst ohne die Ausschmückungen spielen, um die Verbindung zwischen den Akkorden der linken Hand und den wichtigsten Noten der rechten Hand zu beobachten.

Behalten Sie die Lautstärke *piano* bei, das wird Ihnen helfen, damit die Vorschlagsnoten nicht zu schwerfällig wirken.

Menuett Nr. 4 Hob. IX:8, Arr. Mélanie Renaud

Übungen

Übung 1

Diese speziell für die kleinen Vorschlagsnoten vorgesehene Übung geht auf das Zusammenspiel der beiden Hände ein, das im Stück des Tages vorliegt.

Versuchen Sie, die Viertelnoten gut von einer Hand zur anderen zu binden, um das Stück gleichmäßig plätschern zu lassen.

 Achten Sie darauf, dass Ihr zweiter und dritter Finger, die die Verzierung spielen, rund bleiben und mit dem äußersten Ende des letzten Fingerglieds anschlagen. Wenn Sie sie zu gerade strecken, verlieren Sie die Präzision.

Übung 2

In dieser zweiten Übung gewöhnen Sie sich an die Umkehrung der parallelen Arpeggios, während sich die Hände annähern.

Für diesen Auszug empfehle ich Ihnen, den Daumen der linken Hand über den der rechten Hand zu legen.

 Wenn Sie diese Musik auf dem Cembalo spielen (für das sie komponiert wurde), ist es sehr viel einfacher, sie mit eng zusammenliegenden Händen zu spielen. Bei einigen Cembali gibt es zwei Klaviaturen, die in der Höhe leicht versetzt sind. Somit kann der Spieler je eine Hand auf eine der Klaviaturen legen, und es gibt kein Problem mit dem Kreuzen der Daumen!

Repertoire

Der Ruf der Vögel, Jean-Philippe Rameau

Üben Sie Stücke mit vielen Verzierungen zunächst ohne die Vorschlagsnoten, um die Struktur der Melodie, der Harmonie und des Rhythmus korrekt umzusetzen.

Bis zu Takt 10 gibt es Arpeggios kombiniert mit Vorschlagsnoten. Achten Sie ab Takt 10 darauf, die aufgebrochenen Oktaven der linken Hand sehr kurz zu spielen (wie *Staccato*-Noten), um das *Legato* der rechten Hand nicht zu stören. Die beiden letzten Triller können wie einfache Mordents (kurzer Wechsel mit der nächstunteren leitereigenen Note) gespielt oder über die gesamte Dauer der Viertelnote verlängert werden – je nachdem, wie flexibel Sie sind!

Diese Suite in *E*-Moll, ein Auszug aus dem *Zweiten bearbeiteten Buch der Stücke für Cembalo* von 1724, umfasst drei klassische Tänze (Allemande, Courante und Gigue), aber auch drei ganz eigene Tänze (Rigaudon, Musette und Tambourin) sowie zwei Charakterstücke, *La Villageoise* und *Le Rappel Des Oiseaux* (»Der Ruf der Vögel«).

Dieser poetische Titel ist eine Hommage an die Provence, in der Jean-Philippe Rameau seine Jugend verbracht hat, täglich geweckt vom Gezwitscher der zwei kleinen Vögel, die sich gegenseitig antworteten.

Diese Suite in *E*-Moll, ein Auszug aus dem *Zweiten bearbeiteten Buch der Stücke für Cembalo* von 1724, umfasst drei klassische Tänze (Allemande, Courante und Gigue), aber auch drei ganz eigene Tänze (Rigaudon, Musette und Tambourin) sowie zwei Charakterstücke, *La Villageoise* und *Le Rappel Des Oiseaux* (»Der Ruf der Vögel«).

Dieser poetische Titel ist eine Hommage an die Provence, in der Jean-Philippe Rameau seine Jugend verbracht hat, täglich geweckt vom Gezwitscher der zwei kleinen Vögel, die sich gegenseitig antworteten.

> **IN DIESEM KAPITEL WERDEN SIE LERNEN**
>
> kleine Arpeggio-Noten mit Leichtigkeit zu spielen
>
> eine Begleitstimme in der mittleren Tonlage zwischen den beiden Händen aufzuteilen

Tag 30
Dienstag – Serenade oder Romanze

Aufwärmen

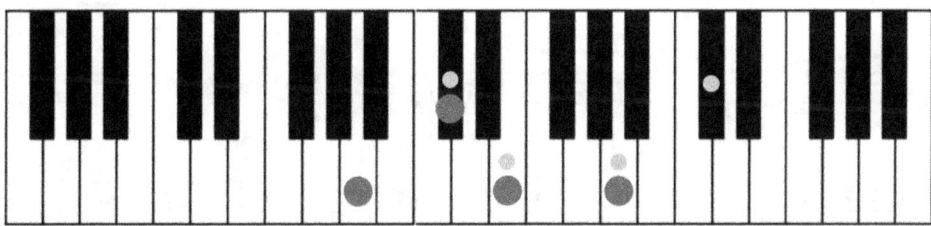

Bei diesem Aufwärmen spielen beide Hände zusammen, jeweils um eine oder zwei Oktaven versetzt. (Die Abbildung zeigt die Platzierung einer Hand.)

Jeder Takt entspricht einer aufsteigenden Umkehrung des Arpeggios für *A*-Dur.

Jede Umkehrung wiederholt den Anfangston eine Oktave höher.

(Kleine musikalische Scharade: Die erste ist in dunkelgrau gezeigt, die zweite in hellgrau, und die dritte müssen Sie selbst finden! Die vierte wiederholt die erste.)

Notenlesen

 Serenade, Friedrich Burgmüller

Dieser Auszug erinnert in seiner Partitur stark an das Repertoire des Tages.

In den äußeren Teilen erkennen Sie einen Bass und eine Melodie (die Sie zunächst separat voneinander spielen können), ebenso wie eine dritte Stimme in der Mitte, die sich die beiden Hände teilen, und die sich aus kleinen Arpeggio-Noten zusammensetzt.

Etüden Op. 109 Nr. 11

Übungen

Übung 1

In dieser Übung können Sie sich an den Bass und die Melodie des Stücks des Tages gewöhnen – ohne die Begleitung mit den kleinen Arpeggio-Noten.

Der für die rechte Hand vorgeschlagene Fingersatz scheint nicht immer offensichtlich zu sein, aber üben Sie, eine ausdrucksstarke Phrasierung damit zu finden, denn er ist wichtig, wenn Sie zusätzlich die Arpeggios spielen werden.

Übung 2

Und jetzt das Ganze umgekehrt: Sie üben die Begleitung, ohne die Melodie zu spielen!

Sie finden hier denselben Bass, begleitet von Akkordsymbolen, damit Sie die Verbindung mit den Umkehrungen der Arpeggios in kleinen Noten herstellen können.

 Dieser Auszug umfasst einige Akkorde. Sie können zum Beispiel alle *A-Dur*-Takte miteinander vergleichen, ebenso die mit *Bm*, *E7* und so weiter, um die Unterschiede der Umkehrungen zu erkennen.

182   TAG 30 Dienstag – Serenade oder Romanze

Repertoire

 ### *Frühlingslied*, Felix Mendelssohn

Auch hier erinnern die Arpeggios an das Gezwitscher in der Natur im Frühling – ein beliebtes Thema der Romantiker, zu denen auch Felix Mendelssohn zu zählen ist.

Spielen Sie diesen Auszug mit ein bisschen Pedaleinsatz, dann können Sie die kleinen Noten ausdrucksvoller darstellen.

Versuchen Sie im ersten Durchgang, die Melodie zu spielen. Alle Ihre Griffe müssen sanft und gefühlvoll sein, um den süßen Gesang des Frühlings nicht zu stören oder zu laut zu sein.

 Felix Mendelssohn (1809–1847) hat sein Leben lang Romanzen ohne Text komponiert. Sie sind in acht Sammlungen zusammengefasst, erschienen zwischen 1830 und 1868.

Das sehr bekannte *Frühlingslied* hat er zum Geburtstag seiner Freundin Clara Schumann 1842 komponiert. Die gesamte Sammlung von Op. 62 ist ihr gewidmet.

Romanze ohne Worte, Op. 62 Nr. 6

> **IN DIESEM KAPITEL WERDEN SIE LERNEN**
>
> Vorschlagsnoten auf den schwarzen Tasten zu spielen
>
> kleine chromatische Noten zu spielen

Tag 31
Mittwoch – Rhapsodie und Serenade für die Hosentasche

Aufwärmen

Was kleine Noten betrifft, kann Ihnen niemand mehr etwas vormachen!

Heute sind sie chromatisch. Legen Sie Ihre fünf Finger auf die fünf Halbtöne zwischen *F* und *A*. Ihre Hände spielen jeden Halbton gemeinsam (also parallel), zunächst aufsteigend, dann absteigend. Achten Sie immer darauf, zwischen der kleinen leichten und schnellen Note und der eigentlichen Zielnote zu unterscheiden, die präzise angeschlagen und gehalten wird.

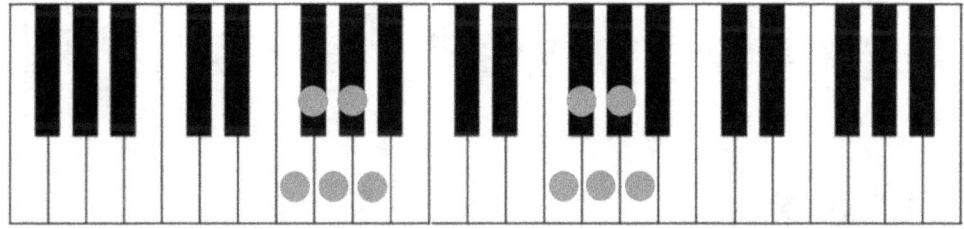

Notenlesen

 ***Rhapsody in Blue*, George Gershwin**

Ein kurzer Auszug aus der berühmten *Rhapsody in Blue*, wobei die rechte Hand kleine schnelle Motive aus drei oder vier chromatischen Noten aneinanderreiht, mit oder ohne Vorschlagsnoten.

Die linke Hand spielt zunächst zwei Akkorde, dann im Bass einen Kontrapunkt (einfach: die Hand wird umgesetzt) als Antwort ab Takt 5.

Arr. Mélanie Renaud

Übungen

Übung 1

 Diese Übung nur für die linke Hand soll Ihnen helfen, den Anfang des ersten Teils des Stücks des Tages umzusetzen, wo die linke Hand die wichtigste Rolle spielt.

Jede Verzierung auf den schwarzen Tasten wird zunächst isoliert mehrere Male gespielt, anschließend verkettet, bis sie schließlich in aufeinanderfolgenden Achteln gespielt wird.

Übung 2

Hier genau dieselbe Aufgliederung für die zweite Hälfte des ersten Teils für die linke Hand.

Übung 3

In dieser Übung geht es um die rechte Hand, die im Verlauf des Stücks ebenfalls Verzierungen auf den schwarzen Tasten spielen wird.

Repertoire

 ### *Serenade für eine Puppe*, Claude Debussy

Hier finden Sie die Abschnitte in Arpeggios auf den schwarzen Tasten, die Sie in den Übungen einstudiert haben, begleitet von Kontrapunkten in wiederholten *Staccato*-Noten von der anderen Hand.

Zum Abschluss gibt es kleine Läufe mit für Debussy typischen Klängen und ein Arpeggio mit gekreuzten Händen.

Kinderecke, Arr. Mélanie Renaud

Die **Kinderecke** ist eine von Claude Debussy 1906 komponierte Suite. Er widmete sie seiner damals dreijährigen Tochter Claude-Emma, genannt Chouchou, mit folgender Widmung: »Meiner liebsten Chouchou… mit zärtlicher Entschuldigung ihres Vaters für das, was folgen wird.«

Hier sind die Titel der sechs sehr berühmten Stücke, aus denen sie besteht: Doktor Gradus ad Parnassum, Jimbos Wiegenlied, Serenade für die Puppe, Der Schnee tanzt, Der kleine Hirte, Golliwogs Kuchenlauf.

> **IN DIESEM KAPITEL WERDEN SIE LERNEN**
>
> Tonwiederholungen mit zwei Händen zu spielen
>
> Tonwiederholungen in Oktaven zu spielen

Tag 32
Donnerstag – Asturias

Aufwärmen

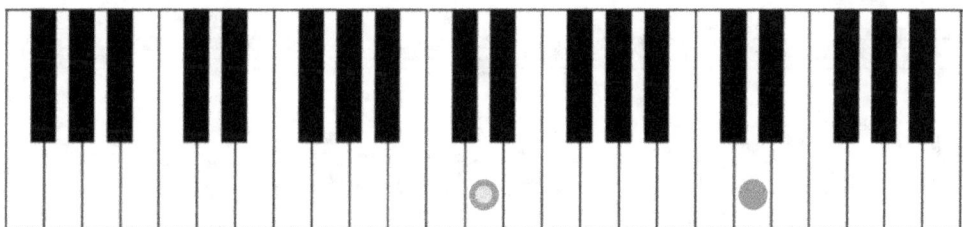

Nur zwei Noten? Ja, genau das brauchen wir für Tonwiederholungen mit einer Oktave.

Legen Sie Ihre zweiten Finger auf das mittlere *D* und spielen Sie es abwechselnd, zunächst langsam, dann immer schneller werdend. Es ist nicht ganz einfach, ab einer gewissen Geschwindigkeit die Gleichmäßigkeit beizubehalten.

Das folgende Aufwärmen besteht aus dem abwechselnden Spiel einfacher Tonwiederholungen (zwei *D*), anschließend aus Tonwiederholungen mit der rechten Hand in Oktaven. Über drei Takte, dann nur über einen Takt wiederholt.

Notenlesen

 Prélude des *Spanischen Gesänge*, Isaac Albéniz

Hier folgt eine Melodie, die Sie vielleicht schon kennen. Sie stammt aus dem sehr berühmten Prélude der *Spanischen Gesänge* von Isaac Albéniz. Sie können sie *legato* spielen.

Übungen

Übung 1

Hier dieselbe Melodie, aber jetzt in der Originalversion: nur für die linke Hand.

Der Fingersatz ist wichtig, um anschließend die rechte Hand hinzufügen zu können.

Übung 2

Die Übung beginnt mit einer Etüde von Tonwiederholungen, die Sie auch im Stück des Tages finden werden. Gezeigt werden sechs Auszüge, die separat zu üben sind, bis Sie die Griffe wirklich beherrschen.

 Finden Sie heraus, wo Sie den Zeigefinger der rechten Hand jeweils im Verhältnis zu den Noten der linken Hand platzieren müssen. Manchmal gleitet die rechte Hand eher darüber, dann wieder darunter. Es liegt an Ihnen, die Lösung zu finden, die für Sie am angenehmsten ist.

Übung 3

Weitere kleine Abfolgen, die Sie separat üben können, und wobei die Finger selbst ihren Weg finden müssen! Achten Sie auf den Fingersatz, um Beweglichkeit zu entwickeln.

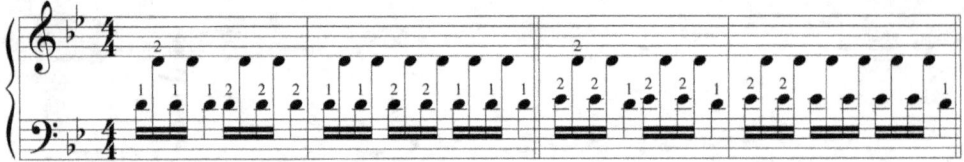

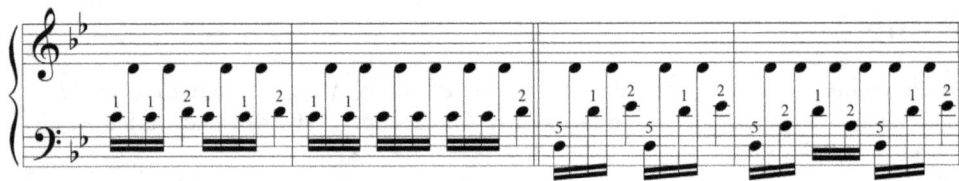

Übung 4

Und jetzt dieselben Abfolgen, aber mit Tonverdoppelungen in Oktaven in der rechten Hand. Sehr sportlich!

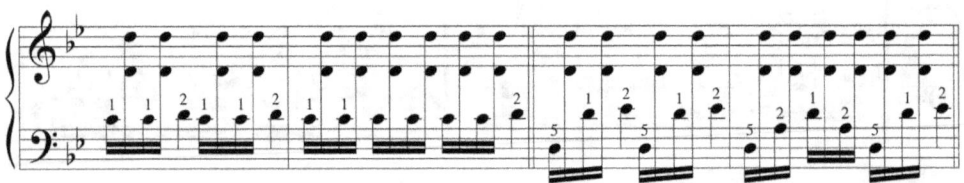

Repertoire

 ### *Asturias*, Isaac Albéniz

Diese Musik ist sehr aufregend zu spielen, besonders wenn Sie bereits eine Version im Ohr haben. Gehen Sie aber nicht zu schnell vor! Ich empfehle Ihnen, diesen Auszug zunächst in einem Tempo zu üben, das langsam genug ist, um die Gleichmäßigkeit von Sechzehntelnoten einzuhalten und dann allmählich zu beschleunigen.

Warum haben Sie wiederholte Noten mit Oktaven geübt, fragen Sie sich jetzt vielleicht?

In der Originalversion finden Sie ab Takt 17 eine Wiederholung des Themas (die ersten sechzehn Takte) mit der rechten Hand, jeweils in Oktaven. Sie können versuchen, dies hinzuzufügen, sobald Sie die erste Version beherrschen!

Prélude der spanischen Gesänge, Op. 232 Nr. 1, Arr. Mélanie Renaud

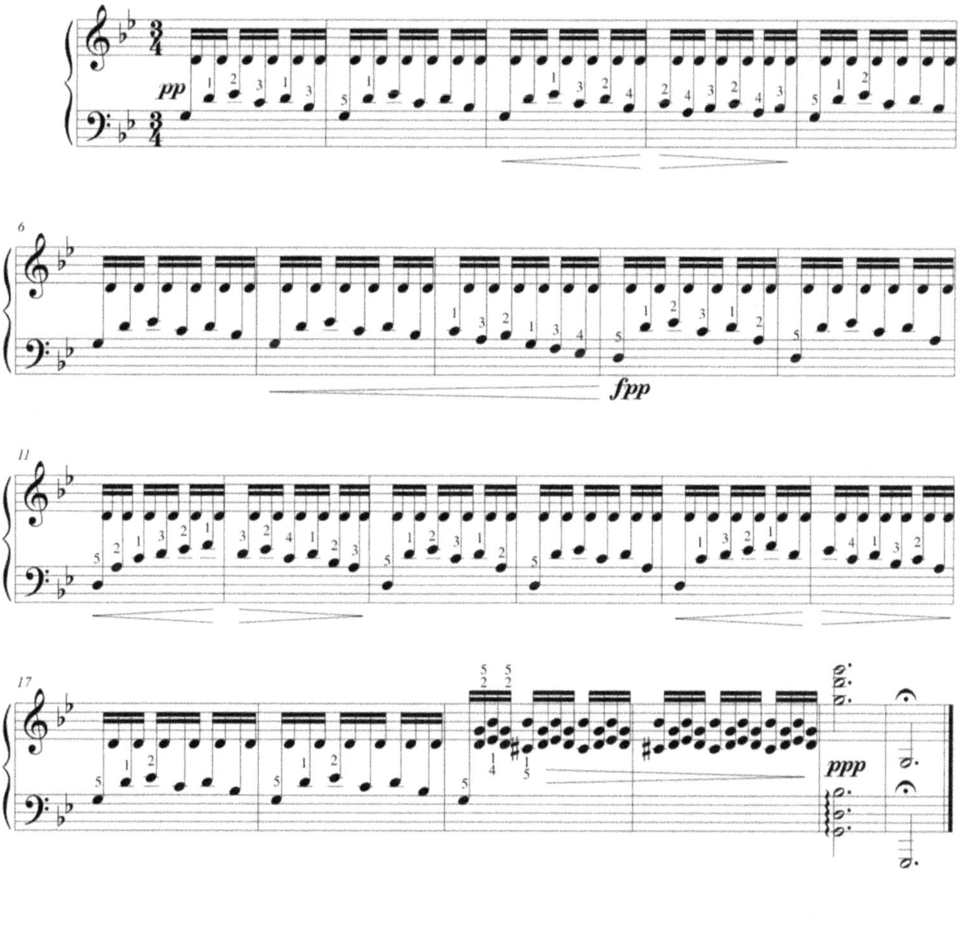

Spanische Gesänge ist eine Suite in fünf Teilen, erschienen zwischen 1892 (Prélude, Orientale und Unter der Palme) und 1898 (Cordoba und Seguidillas).

Das Prélude ist auch unter dem Namen »Asturias« (Legende) bekannt, und es gibt eine sehr berühmte Transkription für Gitarre dafür.

Inspiriert vom andalusischen Flamenco, insbesondere von den Schritten der Tänzer in den Teilen *Marcato-Staccato*, erinnert sein Thema an den Rhythmus *La Buleria*, einer Melodie des Flamenco-Repertoires.

> **IN DIESEM KAPITEL WERDEN SIE LERNEN**
>
> Tonwiederholungen mit einer Hand zu spielen
>
> Tonwiederholungen mit drei Fingern und vier Fingern zu spielen

Tag 33
Freitag – Capriccio mit Charakter

Aufwärmen

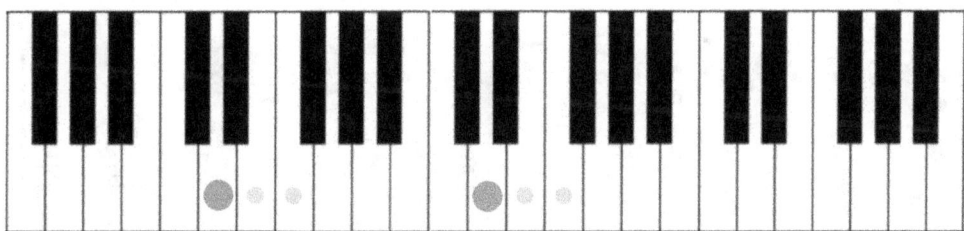

Legen Sie Ihre Hände jeweils auf ein *D* und spielen Sie nur das *D*. Die Wechsel der Finger dienen dazu, diese Note besser zu wiederholen. Spielen Sie mit beiden Händen abwechselnd mit drei und mit vier Fingern.

Anschließend wiederholen Sie diese Übung mit dem *E*, dann mit dem *F* und so weiter.

Versuchen Sie, schrittweise Ihr Tempo zu erhöhen.

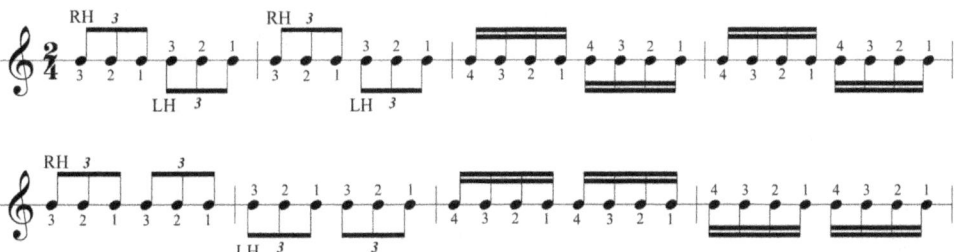

Notenlesen

 Etüde Nr. 23, Stephen Heller

Der Rhythmus dieser kleinen musikalischen Phrase entsteht durch die linke Hand, die auf alle Schläge spielt, aber auch durch das Muster der Tonwiederholungen in vier Sechzehnteln mit der rechten Hand.

Sie können die Hände zunächst separat voneinander üben.

Op. 46, Arr. Mélanie Renaud

Übungen

Übung 1

Hier vier Motive mit Tonwiederholungen auf *H*, begleitet von einem *E*-Moll-Akkord, die Sie auch im Stück des Tages finden. Sie haben unterschiedliche Fingersätze.

Übung 2

Diese Übung nimmt die Einleitung des Stücks auf. Dabei werden die Tonwiederholungen entfernt, um die Linie der Hauptnoten und ihren besonderen Fingersatz – besonders der rechten Hand – hervorzuheben.

Übung 3

Diese kleine chromatische Abfolge finden Sie um Takt 12 herum.

Die Schwierigkeit liegt im Fingersatz: Sie werden feststellen, dass es nicht einfach ist, an den Daumen auf *C* zu denken. Dann folgen die vier Finger ohne Schwierigkeiten.

Übung 4

Diese letzte Übung beschreibt eine kleine, schwierige Bewegung, auf die die rechte Hand in den Takten 21 und 22 stößt, wobei Sie besonders konsequent am Untersatz des Daumens arbeiten müssen.

Repertoire

Caprice à la boléro, Clara Schumann

 **Clara Schumann** (1819–1896) war eine deutsche Pianistin und Komponistin.

Clara Schumann wurde in Leipzig als Clara Wieck geboren und erhielt ihre musikalische Ausbildung von ihrem Vater, einem Lehrer. Im Alter von neun Jahren wurde sie zum Konzert-Wunderkind.

Als junges Mädchen verliebte sie sich in den neun Jahre älteren Robert Schumann, der kam, um im Haus ihres Vaters zu lernen. Ihre Bitte, ihn heiraten zu dürfen, wurde von ihrem Vater abgelehnt, der beiden anschließend verbot, sich zu sehen. Es folgt ein langer Gerichtsstreit, der schließlich gewonnen wurde. Ihre Ehe wurde genehmigt, und es entstanden acht Kinder daraus.

Trotz des geschäftigen Familienlebens wurde Clara Schumann zu einer der größten Pianistinnen ihrer Zeit, die die Welt bereiste (bis sie 72 Jahre alt war!), um das Publikum mit den Werken ihres Mannes und ihrer Zeitgenossen und Freunde bekannt zu machen: Felix Mendelssohn, Johannes Brahms und so weiter.

Ihre Karriere als Komponistin, obwohl talentiert, hat sie im Laufe der Jahre zugunsten der Karriere als Interpretin aufgegeben. Jederzeit blieb sie unermüdliche Verteidigerin der Werke ihres Mannes, dessen Gesamtausgabe sie nach seinem Tod herausgab.

Suchen Sie die verschiedenen Ausschnitte, die Sie in den Übungen bearbeitet haben, bevor Sie beginnen, dieses Stück mit den Händen einzeln zu üben. Wenn Sie mit beiden Händen spielen, wählen Sie zunächst ein vorsichtiges Tempo. Der Rhythmus im Dreivierteltakt dieses Capriccios ist sehr eingängig, aber in der geforderten Geschwindigkeit ist es eher schwierig zu spielen.

TAG 33 Freitag – Capriccio mit Charakter

 Im Jahr 1835 war die junge Clara Wieck erst fünfzehn Jahre alt, als sie diese Sammlung Op. 5 *Quatre Pièces caractéristiques* komponierte: Impromptu: le Sabbat, Caprice à la boléro, Romance, Scène fantastique: Le Ballet des revenants.

Quatre pièces caractéristiques, Op. 5 Nr. 2, Arr. Mélanie Renaud

> IN DIESEM KAPITEL WERDEN SIE LERNEN
>
> mit dem Daumen gehaltene Noten zu spielen
>
> binär notierte Achtel ternär zu spielen

Tag 34
Samstag – Afroamerikanische Lieder

Repertoire

Nobody knows the trouble I've seen, afroamerikanisches Volkslied, Spiritual

Nobody knows the trouble I've seen ist ein Spiritual aus dem Sklavenzeitalter. Es wurde zum ersten Mal 1867 in der Anthologie Slave songs of the United States (»Sklavenlieder der USA«) veröffentlicht.

Dieses Lied ist sehr berühmt und wurde von vielen bekannten Musikern aufgegriffen, von Louis Armstrong bis zu Marian Andersen.

Nobody knows the trouble I've seen
Nobody knows my sorrow
Nobody knows the trouble I've seen
Glory Hallelujah

Nobody knows the trouble I've seen
Nobody knows but Jesus
Nobody knows the trouble I've seen
Glory Hallelujah

Refrain

Sometimes I'm up
Sometimes I'm down
Oh, yes, Lord,
Sometimes I'm almost to the ground
Oh, yes, Lord.

Oh, nobody knows the trouble I've seen
Nobody knows my sorrow
Nobody knows the trouble I've seen
Glory, Hallelujah

Oh, every day to you I pray
Oh, yes Lord
For you to drive my sins away
Oh, yes Lord

Refrain

Ratschläge für die Übung

Die hier gezeigte Version basiert auf einer Begleitung für die linke Hand, typisch für den Blues, die ternär gespielt wird. Das bedeutet, dass die Achtelnoten auf dem Grundschlag doppelt so lange dauern als die Achtel auf dem »und«.

 Um die Partitur zu vereinfachen (oder für die erste Übung), können Sie die mittlere Stimme weglassen und nur die Melodie und den Bass spielen.

TAG 34 Samstag – Afroamerikanische Lieder

Down by the Riverside, afroamerikanisches Volkslied, Spiritual

Down by the Riverside ist ein afroamerikanisches Spiritual, dessen Wurzeln bis an den Anfang des Sezessionskriegs zurückgehen. Veröffentlicht wurde es erst 1918 in *Plantation Melodies: une collection de chansons nègres modernes, populaires et anciennes du Southland*.

Arr. Mélanie Renaud

Gonna lay down my burden,
Down by the riverside,
Down by the riverside,
Down by the riverside.
Gonna lay down my burden,
Down by the riverside,
I ain't gonna study war no more.

Chorus

Gonna lay down my sword and shield
Down by the riverside,
Down by the riverside,
Down by the riverside.
Gonna lay down my sword and shield
Down by the riverside, I ain't gonna study war no more.

Chorus

I ain't gonna study war no more,
Study war no more,
Ain't gonna study war no more.
I ain't gonna study war no more,
Study war no more,
Ain't gonna study oh war no more.

Aufgrund seiner pazifistischen Haltung wurde dieses Lied während des Vietnamkriegs auch als Antikriegslied gesungen. Im Text verweist es auf das Alte Testament und appelliert an alle, sich nicht mehr am Krieg zu beteiligen.

Ratschläge für die Übung

Auch hier ist der Rhythmus der Achtel ternär, wenn auch binär notiert.

Nach diesem Arrangement wird das Thema in Sexten gespielt sowie mit kleinen chromatischen Verläufen in der linken Hand.

Im zweiten Teil spielt die linke Hand einfach Arpeggios, bevor wieder die Begleitung vom Anfang aufgenommen wird.

Dieses Lied kann in einem sehr langsamen Tempo gespielt werden. Der Swing kommt durch die ternäre Spielweise.

TAG 34 Samstag – Afroamerikanische Lieder

IN DIESEM KAPITEL WERDEN SIE LERNEN

Ihre verschiedenen Verzierungen zu perfektionieren

Ihr unabhängiges Spiel von *legato/staccato* zwischen beiden Händen zu verbessern

Tag 35
Sonntag – Die vier Jahreszeiten

Repertoire

Frühling, Antonio Vivaldi

Die vier Jahreszeiten (italienisch *Le Quattro Stagioni*) ist der Name für die vier Violinkonzerte, die Antonio Vivaldi (1678–1741) in den Jahren ab 1720 komponiert hat und die bis heute in ganz Europa großen Erfolg erzielt haben.

Das Werk ist von vier Sonetten begleitet, die Antonio Vivaldi zugeordnet werden, die den Verlauf der Jahreszeiten beschreiben. In der Partitur weist der Komponist auf den Zusammenhang mit Gedichten hin und erklärt sogar bestimmte Details (Hundegebell, Vogelnamen: Kuckuck, Turteltaube, Fink und so weiter).

Der *Frühling* (auf Italienisch: *La Primavera*), das erste der vier Konzerte, ist in *E*-Dur geschrieben.

Ratschläge für die Übung

Sie finden in diesem Satz in Fortsetzung der Arbeit der letzten Tage viele Verzierungen (Triller, Mordents), die den Gesang der Vögel darstellen.

Denken Sie daran, zuerst die eigentlichen Noten ohne Ausschmückungen zu üben.

Auf die gleiche Weise können Sie die Melodien auch zuerst mit der rechten Hand spielen, ohne die Terzverdopplung.

Die vier Jahreszeiten, Op. 8 Nr. 1, Arr. Mélanie Renaud

Winter, Antonio Vivaldi

Der Winter ist die letzte der von Vivaldi dargestellten Jahreszeiten.

In diesem zentralen, sehr langsamen (*largo*) Teil ist die Melodie ruhig und anheimelnd.

Ratschläge für die Übung

Die rechte Hand spielt *legato*, sehr ausdrucksvoll, während die linke Hand *staccato* spielt und damit die Regentropfen verkörpert.

Sie können zunächst die Melodie mit einfacher Bassbegleitung spielen (erste Note jedes Takts mit der linken Hand).

Die vier Jahreszeiten, Concerto Op. 8 Nr. 4, Arr. Mélanie Renaud

Herbst, Antonio Vivaldi

Der Herbst feiert in seinem ersten Satz, *Allegro*, das Erntedankfest.

Ratschläge für die Übung

Dieser Satz demonstriert starke Kontraste der Lautstärken. Jede Phrase wird zweimal präsentiert, das erste Mal *forte*, das zweite Mal *piano*, oft mit einem Wechsel der zugehörigen Tonlage.

Um sich an die Platzierung der Hände und den Fingersatz zu gewöhnen, spielen Sie zunächst ohne die Wiederholungen von Noten oder Akkorden.

Die vier Jahreszeiten, Concerto Op. 8 Nr. 3, Arr. Mélanie Renaud

> IN DIESEM KAPITEL WERDEN SIE LERNEN
>
> eine Variation eines Themas zu erkennen
>
> mit jeder Hand Tonleitern zu spielen
>
> benachbarte Oktaven zu spielen

Tag 36
Montag – Thema und Variationen

Aufwärmen

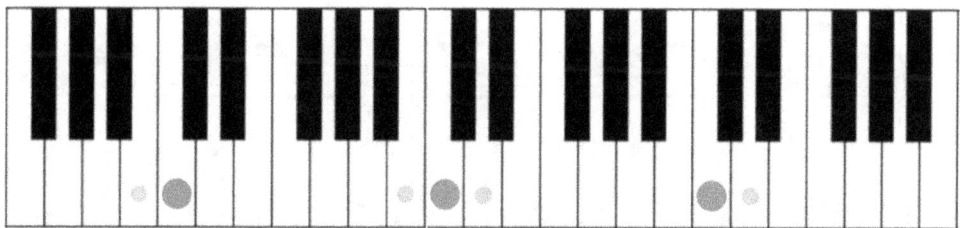

Legen Sie Ihre beiden Daumen auf das mittlere *C* des Klaviers und Ihre beiden fünften Finger im Abstand einer Oktave auf die benachbarten *C*s.

Spielen Sie Oktaven, indem Sie Daumen und fünfte Finger abwechseln, in gegenläufigen Griffen (die linke Hand macht mit *H* weiter, die rechte mit *D*).

Spielen Sie bis zum folgenden *C* und kehren Sie auf demselben Pfad zurück!

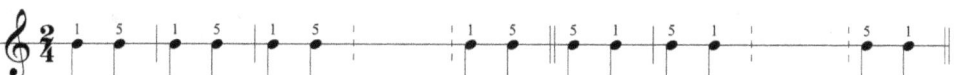

Notenlesen

 Thema, Joseph Haydn

Dieses Thema von großer harmonischer Einfachheit ist in *A*-Dur geschrieben und in zwei Teile (A und B) unterteilt.

Zu Beginn des zweiten Teils gibt es einen kurzen Ausflug nach *D*-Dur (mit einem Auflösungszeichen für das *G*), dann nach *E*-Moll (mit *Dis*).

Sie finden diesen harmonischen Verlauf in allen gezeigten Variationen sowie in den entsprechenden Takten. Beachten Sie auch, dass beide Teile mit einem Auftakt beginnen (das heißt mit einer Note vor dem ersten Takt).

Diese verschiedenen Elemente werden die Einheit des gesamten Themas und der Variationen schaffen.

Variationen Hob. XVII:2

Übungen

Übung 1: *Variation 6*, Joseph Haydn

Diese Variation von Teil A gestattet, die ganze Virtuosität Ihrer linken Hand zu üben!

Sie setzt sich aus aufeinanderfolgenden aufsteigenden Tonleitern zusammen.

Die beiden letzten Takte sind denjenigen des Themas sehr ähnlich.

Hob. XVII:2

Übung 2: *Variation 5*, Joseph Haydn

In dieser Variation von Teil B verbindet Ihre rechte Hand die Tonleitern – auf- und absteigend. Die linke Hand ist derjenigen des Themas ganz ähnlich, aber hier werden die Akkorde gespielt, im Thema dagegen Arpeggios in Triolen.

Hob. XVII:2

Übung 3: Variation 7, Joseph Haydn

Dies ist eine weitere Variation von Teil B. Die rechte Hand spielt eine Melodie mit aufgebrochenen Arpeggios. Jeder Takt nimmt dasselbe Motiv in einem anderen Arpeggio auf.

Hob. XVII:2

Übung 4: Variation 10, Joseph Haydn

Diese weitere Variation von Teil A beinhaltet Oktaven mit der linken Hand.

Die Notation der rechten Hand ist umfangreicher und kombiniert ein aufgebrochenes Arpeggio mit einer Melodie in Terzen – dabei wird wieder der Daumen isoliert vom restlichen Akkord in Terzen gespielt.

Hob. XVII:2

Repertoire

 ***Variation 20,* Joseph Haydn**

Die letzte hier gezeigte Variation präsentiert Oktavgriffe in beiden Händen.

Sie können die Hände zunächst separat üben, Sie können nur den Daumen oder nur den fünften Finger spielen.

 Versuchen Sie, die Griffe zusammenhängend zu spielen. Wenn Ihre Hand groß genug ist, können Sie den Fingersatz mit dem vierten und fünften Finger wie angegeben spielen, andernfalls bewegen Sie den fünften Finger dementsprechend.

Hob. XVII:2

Auf keinen Fall sollten Sie die Oktaven verkrampft spielen, das wäre der schnellste Weg zur Sehnenscheidenentzündung!

Anschließend können Sie eine Reihenfolge Ihrer Wahl festlegen, indem Sie die Teile A und B in unterschiedlichen Variationen spielen, und dann das Ganze wiederholen, beginnend mit dem Thema.

> IN DIESEM KAPITEL WERDEN SIE LERNEN
>
> eine Begleitung aus Akkordwiederholungen zu spielen
>
> synkopierte Rhythmen zu spielen

Tag 37

Dienstag – Feministische Maxixe

Aufwärmen

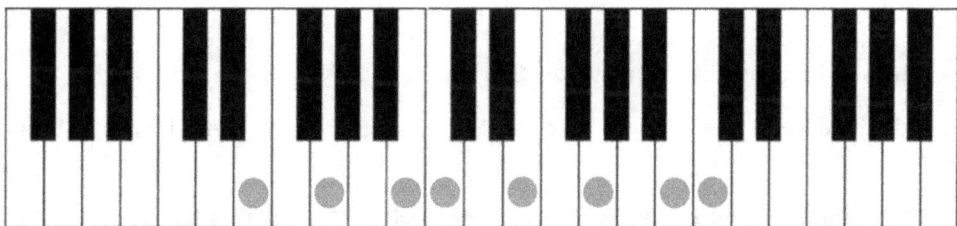

Linke Hand und rechte Hand liegen nebeneinander auf denselben vier Noten: *E-G-H-C*.

Sie spielen unisono die folgende Formel, bei jedem Durchgang eine Note tiefer – und ausschließlich auf den weißen Tasten.

Notenlesen

 ### Poetische Tonbilder, Antonín Dvořák

Die Aufwärmübung für die rechte Hand, ergänzt um ein paar Kreuzzeichen.

Die linke Hand begleitet mit drei Akkorden.

Op. 85 Nr. 2, Arr. Mélanie Renaud

 ### Poetische Tonbilder, Antonín Dvořák

Nach der vorbereitenden Version hier die Originalversion von Antonín Dvořák.

Die Akkorde der linken Hand werden *staccato* gespielt, mit Tonwiederholungen in Sechzehnteln.

Die rechte Hand ist identisch mit der Vorversion, spielt aber ebenfalls *staccato*.

In der Originalnotierung wird diese Phrase von einem großen *Crescendo* begleitet.

Op. 85 Nr. 2

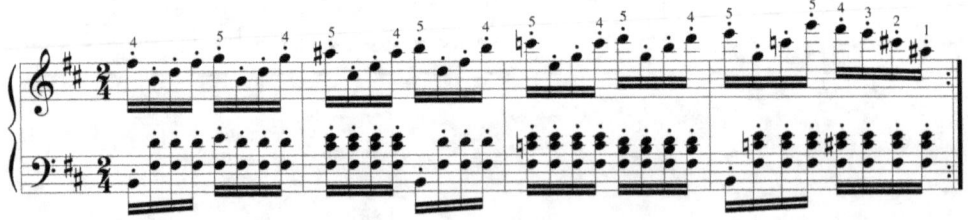

TAG 37 Dienstag – Feministische Maxixe

Übungen

Übung 1

Für die Vorbereitung auf den Batuque-Rhythmus können Sie die rechte Hand in Akkordwiederholungen spielen.

Auf diese Weise wird sich die linke Hand ohne Schwierigkeiten einpendeln und Sie können sich dann auf ihren Rhythmus stützen, um die rechte Hand so zu spielen, wie im heutigen Lied des Tages vorgesehen.

Übung 2

Diese Übung enthält eine Variante des Batuque-Refrains aus dem Stück des Tages, der hier in verschiedenen Tonlagen zu finden ist. Mit den großen Arpeggios ist die Übung nicht ganz einfach zu spielen, aber sie ist melodischer als die rhythmische Version, die in Ihrem Stück des Tages dargestellt ist.

Übung 3

 Die folgende Übung hilft Ihnen, den synkopierten Rhythmus der linken Hand vorzubereiten. Dazu werden alle fehlenden Sechzehntelnoten mit der rechten Hand aufgefüllt, um so einen regelmäßigen Fluss an Akkordwiederholungen zu erhalten.

Übung 4

 Im Gegenzug können Sie mit dieser Übung kontrollieren, ob Sie die rechte Hand im Rhythmus spielen, indem Sie sie mit wiederholten, gleichmäßigen Sechzehntelakkorden der linken Hand synchronisieren.

Repertoire

 Gaucho, Chiquinha Gonzaga

 Francisca Gonzaga, auch als **Chiquinha Gonzaga** bezeichnet (1847–1935), war eine brasilianische Komponistin und Pianistin.

Als Tochter eines Militärs erhielt Chiquinha Gonzaga eine sehr strenge Erziehung (unter anderem lernte sie Klavierspielen), um sich auf die für sie vorgesehene hochrangige Heirat vorzubereiten.

Sie wurde Opfer von Demütigungen durch ihren Ehemann, der ihr auch jede musikalische Aktivität verbot, und trennte sich schließlich von ihm. Sie beantragte die juristische Scheidung, was zu einem großen Skandal führte.

Nach der Scheidung einer unglücklichen zweiten Ehe wurden ihr alle Kinder bis auf ihr ältestes genommen.

Um die Ausbildung dieses Kindes finanzieren zu können, wurde sie Berufsmusikerin, schließlich komponierte sie bereits seit ihrem elften Lebensjahr.

Ursprünglich Pianistin, begann sie mit großer Begeisterung, populäre Musik zu komponieren. Sie hatte großen Erfolg damit und konnte sich ihr Leben lang in einer ausschließlich von Männern dominierten Umgebung durchsetzen. Nacheinander wurde sie die erste *Choro*-Pianistin (Choro ist ein instrumentaler brasilianischer Musikstil), erste Komponistin des Karnevalsmarschs und erste weibliche Dirigentin Brasiliens. Gleichzeitig engagierte sie sich ihr ganzes Leben lang als freie Frau und Bürgerin in republikanischen und frauenrechtlichen Bewegungen sowie für die Abschaffung der Sklaverei.

Aufgrund ihrer immensen Popularität in Brasilien wird der Frauentag seit 2012 an ihrem Geburtstag gefeiert.

Dieser brasilianische Tango kann in einem ruhigen Tempo gespielt werden. Die deutlich gespielten Synkopen verleihen ihm seinen rhythmischen Charakter.

Üben Sie zunächst beide Hände separat und lassen Sie dann die rechte Hand in beiden Strophen ausdrucksstark sanglich klingen.

Die *Maxixe*, manchmal auch als »brasilianischer Tango« bezeichnet, ist ein Tanz, der in den 1870er-Jahren in Rio de Janeiro entstand. Er wurde von den schwarzen Sklaven entwickelt und vom afrobrasilianischen Batuque abgeleitet. Anfang des 20. Jahrhunderts kam er nach Europa. Man findet seine Einflüsse später im Samba sowie im Lambada.

Diese Gaucho-Maxixe (Untertitel »Corta Jaca«) ist in Form des Batuque geschrieben, der seine Ursprünge in Cap Verde hat. Es handelt sich dabei um eines der bekanntesten Lieder von Chiquinha Gonzaga.

Im Jahr 1914 verursachte Nair de Tefé, Brasiliens erste Karikaturistin sowie Malerin, Sängerin und Pianistin, ebenfalls ihrer Zeit weit voraus, einen politischen Skandal, als sie das Lied bei einer Abendgesellschaft im Präsidentenpalast auf einer Gitarre vortrug. Musik darzubieten, die ihre Wurzeln in einer solchen sozialen Unterschicht hatte, und die als lasziver und vulgärer Tanz betrachtet wurde, stellte eine Verletzung des Protokolls dar und verursachte eine aufgeregte Debatte in den hohen Rängen der Gesellschaft und Politik Brasiliens.

> **IN DIESEM KAPITEL WERDEN SIE LERNEN**
>
> Arpeggios mit Erweiterungen über fünf Finger zu spielen
>
> eine Melodie nur in Oktaven zu spielen
>
> einen Kanon in Oktaven zu spielen

Tag 38
Mittwoch – Schmetterlingshand

Aufwärmen

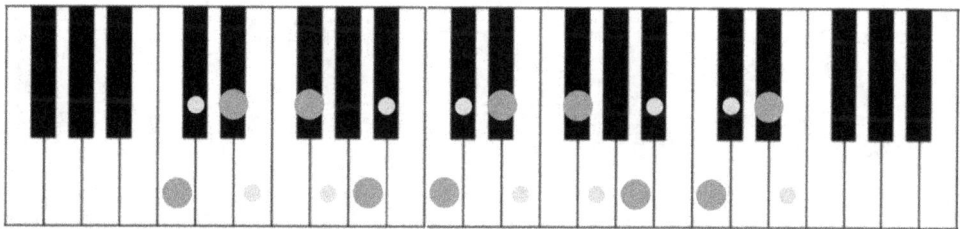

Zehn Punkte auf dem Klavier: zehn Finger!

Legen Sie Ihre Hände weit gespannt nebeneinander (von *C* bis *C* für die linke Hand und *Es* bis *Es* für die rechte Hand). Das Intervall zwischen jedem Finger ist eine kleine Terz, womit sich insgesamt ein verminderter Septakkord ergibt, darüber hinaus mit einer Grundtonverdopplung in der Oktave.

Sie können dieses Arpeggio aus fünf Noten mit beiden Händen in aufsteigender Bewegung spielen.

Versuchen Sie dann das Arpeggio bei jedem Durchgang um einen Halbton absteigen zu lassen, um es dann auf dieselbe Weise wieder ansteigen zu lassen.

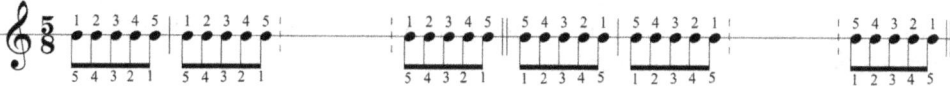

Notenlesen

 ***Walzer*, Franz Schubert**

Ein kleiner Walzer soll Ihnen helfen, Ihr Melodiespiel in Oktaven zu perfektionieren. Dazu spielen Sie mit der linken Hand eine Walzerbegleitung, die in verschiedene Tonlagen verschoben wird.

D. 979, Arr. Mélanie Renaud

Übungen

Übung 1

 Robert Schumann (1810–1856), ein großer Komponist der deutschen Romantik, war in seiner Jugend auch Pianist.

Sein intensives Üben, mit dem er Virtuosität anstrebte, verursachte ihm schreckliche Schmerzen in den Armen und den Händen, bis hin zu einer partiellen Lähmung, die dazu führte, dass er seine Karriere als Pianist abbrechen musste.

Diese Übung, Auszug aus einer Fantasie von Joseph Haydn, kann auch Ihnen Schmerzen bereiten, wenn Sie zu verkrampft spielen.

Um Ihre Hand und Ihre Unterarme zu schützen, denken Sie daran, sie in den Achtelpausen zu entspannen!

Die linke Hand hat keine weiten Griffe.

Sie nehmen in jedem Takt eine andere Position der fünf Finger ein, was sich schrittweise bis hin zum endgültigen Tempo weiterentwickelt.

Sie müssen viele Kreuzzeichen lesen, aber das musikalische Ergebnis ist ein sehr schöner harmonischer Verlauf.

Übung 2

Hier die vereinfachte Melodie Schumanns »Schmetterlinge«, ohne Oktaven.

Üben Sie eine melodiöse Phrasierung mit der linken Hand.

Übung 3

Hier sehen Sie den Kanon nach derselben Melodie, immer noch ohne Oktaven.

Versuchen Sie auch hier, für beide Zeilen dem melodischen Ausdruck zu folgen.

Übung 4

Wiederholen Sie diesen Kanon, aber spielen Sie ihn jetzt nacheinander entweder nur mit den Daumen oder nur mit den fünften Fingern, um sich auf das Spiel in Oktaven vorzubereiten.

Versuchen Sie, trotz dieser zusätzlichen Schwierigkeit die melodische Phrasierung in beiden Händen beizubehalten.

Repertoire

 Schmetterlinge, Robert Schumann

Der Interpretation dieses Auszugs sollten Sie viel Schwung und Charakter mitgeben.

Jede Oktave wird betont und leicht losgelöst gespielt – aber nicht zu sehr –, um dem Stück Lebendigkeit und Dynamik zu verleihen.

In den drei letzten Takten sind die punktierten halben Noten mit Haltebögen verbunden. Dies ist nicht ganz einfach umzusetzen, spielen Sie deshalb vor allem die innere Stimme sehr deutlich. Sie können ab der letzten Achtel mit einer leichten Verlangsamung einsetzen.

TAG 38 Mittwoch – Schmetterlingshand

> **IN DIESEM KAPITEL WERDEN SIE LERNEN**
>
> eine Melodie über das gesamte Stück mit der linken Hand ausdrucksstark zu gestalten
>
> mit kontrapunktischen Akkorden und einer Gegenstimme zur Sopranstimme zu begleiten

Tag 39

Donnerstag – Romantik für die linke Hand

Aufwärmen

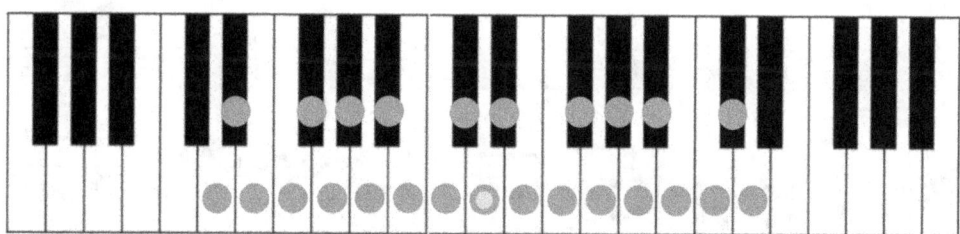

Eine chromatische Tonleiter in gegenläufigen Bewegungen: Die beiden Hände beginnen mit dem Daumen auf dem mittleren *D*, bewegen sich spiegelbildlich in chromatische Stufen nach oben (unten) zum nächsten *D* und kehren dann auf die gleiche Weise zum mittleren *D* zurück. Verwenden Sie die folgenden Fingersätze:

Notenlesen

Passacaglia in A-Moll, Georg Friedrich Händel

Wiederholen Sie zunächst den Teil des Puzzles, den Sie schon einmal gespielt haben (Tag 25).

Hier folgt ein Ausschnitt der Originalpartitur, die Sie in der vollständigen Version finden werden: Für die rechte Hand ändert sich fast nichts, aber die linke Hand wird in Oktaven gespielt.

Suite Nr. 7 HWV 432

Übungen

Übung 1

Diese Phrase wird mit Noten der Oberstimme (Sopran) der Akkorde der rechten Hand aus dem Stück des Tages gespielt. Spielen Sie diesen Ausschnitt ausdrucksstark und so, dass seine musikalische Richtung klar wird.

Übung 2

Hier nun im Zusammenhang: Melodiespiel mit der linken Hand und eine rhythmisch verschobene Gegenstimme in der rechten Hand.

 Nehmen Sie sich die Zeit und üben Sie die linke Hand separat, bevor Sie mit beiden Händen spielen.

Übung 3

Wiederholen Sie die Übung mit der unteren Stimme der Akkorde.

Übung 4

Spielen Sie jetzt auf dieselbe Weise mit der linken Hand zusammen, nicht im Sinne einer Gegenstimme (die liegt über der hier notierten Stimme), sondern einfach, um jede Stimme kennenzulernen.

Übung 5

Die folgende Zeile greift den Verlauf der Gegenstimme im Sopran ab Takt 15 auf.

Übung 6

Dieser Abschnitt, der sich zu immer höheren Tonlagen hin entwickelt, geht mit einem großen *Crescendo* einher.

Repertoire

 *Zweite Romanze*, **Clara Schumann**

Von dieser Seite geht eine dunkle Stimmung aus, vorgegeben durch die absteigende melodische Bewegung der Phrasen der linken Hand.

 Die rechte Hand spielt vollständig im Offbeat (neben dem Metrum) bis zu den letzten Takten, atmend gewissermaßen, was zur Romantik dieser Musik beiträgt.

Versuchen Sie, bewegt und ausdrucksvoll zu spielen.

Op. 11, Arr. Mélanie Renaud

Die drei (wunderbaren) Romanzen aus Opus 11 wurden von 1838–1839 geschrieben, kurz bevor Clara und Robert Schuman heirateten.

Sie schickte sie an ihren zukünftigen Ehemann, der ihr wenig Mut zusprach und ihr empfahl, sich auf das Schreiben von Liedern zu konzentrieren, was er als weiblicher erachtete.

> IN DIESEM KAPITEL WERDEN SIE LERNEN
>
> aufgebrochene Oktaven zu spielen
>
> Ihre Begleitungen in synkopischen und wiederholten Akkorden zu perfektionieren

Tag 40
Freitag – La Cumparsita

Aufwärmen

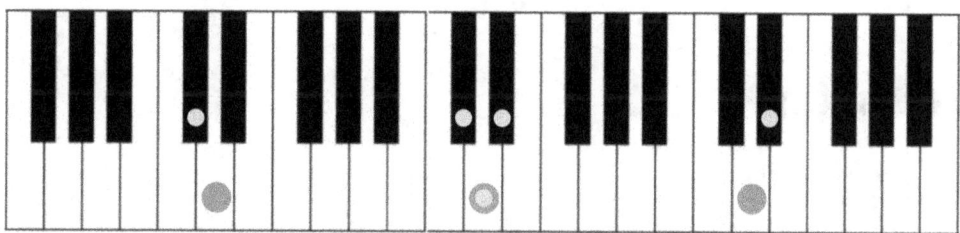

Dieselbe chromatische Tonleiter wie im vorigen Kapitel, in gegenläufiger Bewegung und ab dem mittleren *D* gespielt, hier aber in aufgebrochenen Oktaven, das heißt die beiden Noten nacheinander, wie im folgenden Fingersatz gezeigt:

Notenlesen

 ***La Cumparsita*, uruguayisch-argentinisches Lied**

Entdecken Sie das Thema des zweiten Teils aus dem Stück des Tages, einem Volkslied. Die linke Hand spielt nur drei Arpeggios, immer im selben Rhythmus.

Übungen

Übung 1

 Hier dasselbe Thema, aber mit Oktaven und Doppelgriffen in beiden Händen.

Übung 2

In dieser Übung lernen Sie schrittweise, vom Anfang des Stücks an, den schwierigen (weil synkopischen) Rhythmus zu spielen.

Nach einer Akkordplatzierung beider Hände spielen Sie die Wiederholungen der linken Hand immer schneller.

Übung 3

Diese Übung zeigt eine Version ohne Verschieben der rechten Hand und hilft Ihnen damit, Takt 10 und die folgenden einzustudieren.

Übung 4

Diese letzte Übung zerlegt den Rhythmus, der jeden der beiden Teile abschließt.

Bevor Sie Folgendes spielen, können Sie jeden Takt einzeln wiederholen. Versuchen Sie im zweiten Takt, das Gefühl für die Sechzehntelnoten im ersten Takt beizubehalten.

Repertoire

La Cumparsita, uruguayisch-argentinisches Lied

La Cumparsita ist eine sehr beliebte uruguayisch-argentinische Tangomelodie. Sie wurde 1916 von einem jungen uruguayischen Studenten für seine Freunde im kleinen Universitätsorchester in Montevideo geschrieben. Populär wurde sie jedoch erst 1924, als zwei argentinische Musiker neue Texte hinzufügten, woraufhin sie schließlich 1927 vom großen Carlos Gardel aufgenommen wurde.

Aus diesem Grund streiten sich die beiden Länder seither um die Urheberschaft, und die Verwendung dieses Stücks ist der Anlass für regelmäßige diplomatische Auseinandersetzungen zwischen ihnen. Seit 1988 ist La Cumparsita jedoch durch ein Dekret des Präsidenten zur Volks- und Kulturhymne von Uruguay geworden. Die Verwendung des Stücks beispielsweise für den Einzug der argentinischen Athleten bei der Eröffnungsparade der Olympischen Spiele in Sydney im Jahr 2000 war daher Gegenstand heftiger Proteste der uruguayischen Regierung.

Dieses Stück, ursprünglich ein Marsch, wird nicht sehr schnell gespielt – aber mit viel Charakter. Versuchen Sie, im echten Kontrast zum zweiten Teil zu spielen, der sehr viel melodischer ist als der eher rhythmische Anfang. Wenn Sie die Wiederholung bis Fine spielen, ist das Stück komplett.

Nehmen Sie sich die Zeit, die Akzente der linken Hand im Offbeat auszuführen, um den Rhythmus hervorzuheben.

Arr. Mélanie Renaud

> **IN DIESEM KAPITEL WERDEN SIE LERNEN**
>
> synkopische Rhythmen zu perfektionieren
>
> mit der linken Hand eine für die lateinamerikanische Musik typische Rhythmik zu spielen

Tag 41
Samstag – Lateinamerikanische Lieder

Repertoire

 ***La Bamba**, lateinamerikanisches Volkslied*

 La Bamba ist ein mexikanisches Volkslied mit einem Rhythmus ähnlich der Cumbia, einem aus Kolumbien stammenden Tanz. Das musikalische Genre ist der Son Jarocho (»Jarocho« ist der mexikanische Begriff für die Einwohner von Veracruz).

Das Lied wurde von vielen Interpreten veröffentlicht, insbesondere ist hier die Version von Richie Valens aus dem Jahr 1958 zu nennen.

Man vermutet, dass *La Bamba* Ende des 17. Jahrhunderts entstanden ist. Ursprünglich war es eine Verspottung der späten und unnötigen Bemühungen des Vizekönigs von Mexiko, die Einwohner des Hafens von Veracruz gegen die Piraten zu schützen. Außerdem wird angenommen, dass sich der Titel von *bambarria* ableitet, einer nutzlosen Handlung, die zu spät kommt.

Die Texte wurden den Umständen entsprechend improvisiert, die meisten davon zu einem beliebten Tanz. Der Text beginnt so:

Para bailar la bamba se necesita
Una poca de gracia y otra cosita.

Übersetzung:

Um die Bamba zu tanzen,
braucht man ein wenig Anmut und eine weitere Kleinigkeit.

Der Höhepunkt dieses Tanzes ist, dass das Tuch (meist rot) des Tänzers auf die Tanzfläche geworfen und durch seine Fußarbeit anmutig in einen Knoten verwandelt wird. Es folgt ein Wettbewerb zwischen den Tänzern, um herauszufinden, wer das Tuch mit der größten Geschicklichkeit und Grazie gebunden und geworfen hat.

Der harmonische Verlauf dieses Liedes umfasst nur drei Akkorde. Sie können Ihre eigene Begleitung erstellen, indem Sie sie in einem Rhythmus Ihrer Wahl spielen und wie in dieser Partitur gezeigt dazu singen.

Arr. Mélanie Renaud

Strophe 2

Para subir al cielo
Para subir al cielo se necesita
Una escalera grande y otra chiquita
Ay, arriba y arriba
Ay, arriba y arriba y arriba iré
Yo no soy marinero
Yo no soy marinero, soy capitán
Soy capitán, soy capitán
Bamba, la bamba
Bamba, la bamba
Bamba, la bamba
Bamba

Strophe 3

Una vez que te dije
Una vez que te dije que eras bonita
Se te puso la cara
Se te puso la cara coloradita
Ay, arriba y arriba
Ay, arriba y arriba y arriba iré
Yo no soy marinero
Yo no soy marinero, por ti seré
Por ti seré, por ti seré
Bamba, la bamba
Bamba, la bamba
Bamba, la bamba
Bamba

Strophe 4

Muchos tocan la bamba
Muchos tocan la bamba, pero
Los Dinos le dan saborcito
Le dan saborcito, pero bonito
Ay, arriba y arriba
Ay, arriba y arriba y arriba iré
Yo no soy marinero

Yo no soy marinero, soy capitán
Soy capitán, soy capitán
Bamba, la bamba
Bamba, la bamba
Bamba, la bamba
Bamba

Ratschläge für die Übung

Dieses Arrangement hilft Ihnen, Ihre in den vorhergehenden Tagen geübten Fertigkeiten in Sachen Synkopen in die Praxis umzusetzen!

Achten Sie auf die verschiedenen Abläufe der linken Hand. Sie basieren alle auf dem Rhythmus der beiden ersten Takte und weisen jeweils kleine Variationen auf.

La Cucaracha, spanisch-mexikanisches Volkslied

La Cucaracha (»Die Kakerlake«) ist ein Volkslied spanischen Ursprungs, das Anfang des 19. Jahrhunderts aus Mexiko mitgebracht wurde.

La Cucaracha ist kein revolutionäres oder militantes Lied, aber es wurde in verschiedenen politischen Kämpfen von verschiedenen Fraktionen gesungen (zum Beispiel gegen Kaiser Maximilian während des mexikanischen Bürgerkriegs). Jedes Lager oder jede Partei fügte eigene Texte hinzu, je nach ihrer Ideologie oder den Besonderheiten des Augenblicks.

Es ist ebenfalls kein Volkslied, auch wenn seine Popularität weit über die Grenzen Mexikos hinausgeht.

Die heute bekannten Texte sind im Vergleich zu den Originalen sehr stark verändert.

Die Harmonien dieses Liedes sind noch einfacher als die des vorherigen: Es verwendet nur zwei Akkorde!

Es bietet die Gelegenheit, in der Begleitung mit allen Arten von Rhythmen zu experimentieren, einer synkopischer als der andere!

Arr. Mélanie Renaud

Refrain

La cucaracha, la cucaracha,
ya no puede caminar
porque no tiene,
porque le falta
las dos patitas de atrás.

Strophen

Dicen que la cucaracha
Es un animal pequeño
Y cuando entra en una casa
Se tiene que quedar dueño.

Cuando uno quiere a una
Y esta una no lo quiere,
Es lo mismo que si un calvo
En la calle encuentra un peine

Mi vecina de ahí enfrente
Se llamaba Doña Clara,
Y si no se hubiera muerto
Aún así se llamara.

Cuando Rita se bañaba
En el río San Fernando
Le picó la cucaracha
Pero ella siguió nadando.

Ratschläge für die Übung

Hier folgt ein Beispiel für ein einfaches Arrangement, wobei die linke Hand auf einer Rhythmik basiert, die es gestattet, den Akkord in Arpeggios aufzulösen.

Mehr brauchen Sie nicht, um die Melodie zu begleiten!

Ein Daumeneinsatz der rechten Hand kann die Harmonie noch etwas erweitern.

TAG 41 Samstag – Lateinamerikanische Lieder 249

> **IN DIESEM KAPITEL WERDEN SIE LERNEN**
>
> die Grundformel für die Begleitung des Walzers mit der linken Hand auszuschmücken
>
> Abfolgen schneller und beweglicher Achtel mit der rechten Hand zu spielen

Tag 42
Sonntag – Wiener Walzer

Repertoire

 ***An der schönen blauen Donau**, Johann Strauss*

 An der schönen blauen Donau ist der bekannteste Wiener Walzer, komponiert von Johann Strauss (1825–1899). Die österreichische Erstaufführung der ersten Fassung 1867, an der auch Chöre beteiligt waren, war jedoch ein herber Misserfolg.

Erst eine Reise nach Paris zur Weltausstellung im selben Jahr und eine öffentliche Präsentation dieses Walzers ohne die gesungenen Teile sorgte für einen immensen Erfolg des Stücks.

Ratschläge für die Übung

Sie finden hier einige Oktaven, um das dritte Thema mit der rechten Hand auszufüllen.

Für die linke Hand gibt es eine Menge Bewegung. Versuchen Sie, die Leichtigkeit zu bewahren, besonders auf dem zweiten und dritten Schlag des Taktes, bei denen es sich um die leichten Schläge des Walzers handelt.

Das *Tempo* ist relativ schnell – wahrscheinlich kennen Sie das Stück.

TAG 42 Sonntag – Wiener Walzer

 Im ersten Thema kann die rechte Hand die punktierten halben Noten halten – wie in der Partitur angedeutet. Dazu ist eine kleine Akrobatik erforderlich, die darin besteht, diese Note im Moment des Vorschlags erneut zu spielen und sie dann erneut zu halten.

 ## *Frühlingsstimmenwalzer*, Johann Strauss

Frühlingsstimmen ist ein ebenfalls sehr bekannter Walzer von Johann Strauss, komponiert im Jahr 1883.

 Die jüdische Herkunft von Johann Strauss wurde durch den antisemitischen Bürgermeister von Wien verschleiert, der für seinen Einfluss auf Adolf Hitler während dessen Aufenthalts in der österreichischen Hauptstadt bekannt war. Die Musik von Johann Strauss sollte bereits 1938 durch das Naziregime verboten werden. Aber Hitler liebte seine Walzer, in denen er den Wiener Geist erkannte. Nach dem »Anschluss« entfernte das Ministerium daher alle Spuren von Johann Strauss' Abstammung und stellte ihm posthum den Ariernachweis aus.

Ratschläge für die Übung

 Obwohl das *Tempo* dieses Walzers wie üblich sehr lebhaft ist, empfehle ich Ihnen, die kleinen Abfolgen von Achtelnoten der Melodie einzeln und langsam zu üben, damit Ihre Hand den Verlauf der Fingersätze, Übergänge und andere schwierige Intervalle besser aufnehmen kann.

Walzer, Op. 410, Arr. Mélanie Renaud

TAG 42 Sonntag – Wiener Walzer

D.S. al Fine

> **IN DIESEM KAPITEL WERDEN SIE LERNEN**
>
> eine Melodie aus dem oberen Teil der rechten Hand klingen zu lassen
>
> an der Beweglichkeit und Leichtigkeit des Spiels mit dem Daumen zu arbeiten
>
> am erweiterten Griff des vierten und fünften Fingers der rechten Hand zu arbeiten
>
> einfache und doppelte Noten mit derselben Hand abwechselnd zu spielen

Tag 43

Montag – Spanischer Tanz

Aufwärmen

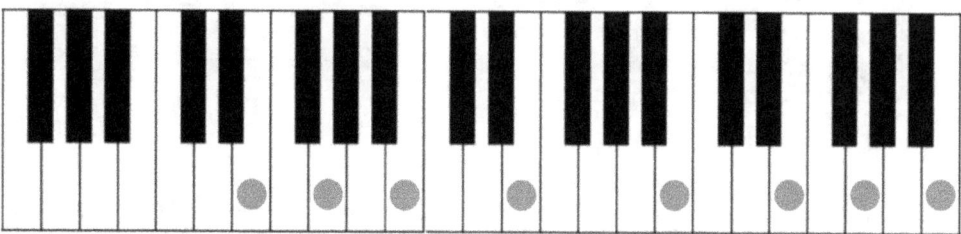

Ihre Hände liegen gespiegelt auf der Klaviatur auf dem Arpeggio in *E*-Moll: die linke Hand in der Grundstellung, die rechte Hand in der zweiten Umkehrung. Sie haben ein Quartintervall zwischen Ihrem Daumen und dem zweiten Finger und Terzen zwischen dem zweiten, vierten und fünften.

Anschließend spielen Sie abwechselnd den Daumen und die mittlerer Terz Ihrer Hand, dann den fünften Finger und die mittlere Terz und schließlich die Oktave und die mittlere Terz.

Versuchen Sie, so leichte Bewegungen wie möglich zu machen. Sie können gerne nach jedem Takt auch das Handgelenk kurz lockern. Achten Sie darauf, dass die beiden Noten der Terz wirklich gleichzeitig gespielt werden.

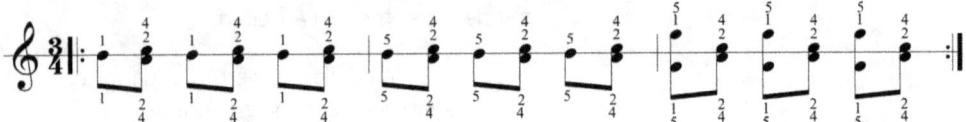

Notenlesen

 ***Passacaglia in G-Moll**, Georg Friedrich Händel*

 Hier der 10. Teil des Puzzles.

In dieser Variation spielt die rechte Hand ein aufgebrochenes und absteigendes Motiv, das die Hand schrittweise von der Sekunde zur Oktave hin öffnet.

Im Bass finden Sie einen üblichen harmonischen Verlauf.

HWV 432

Improvisation zu norwegischen Volksweisen,
Edvard Grieg

Dieser kurze Auszug nimmt dasselbe Prinzip auf, aber in aufsteigender Bewegung, und mit einem Rhythmus in Triolen, der die Betonungen des Motivs verschiebt.

Nehmen Sie sich die Zeit, die linke Hand zu lesen und zu platzieren, bevor Sie beginnen. Anschließend wird die Zeile wiederholt.

Übungen

Übung 1

Mit dieser Übung können Sie an den unterschiedlichen Anschlägen zwischen einer Hauptnote und einem wiederholten, mit dem Daumen gespielten Begleitton arbeiten.

Setzen Sie Ihren Daumen leicht ein und versuchen Sie, seine Kraft zu kontrollieren.

Übung 2

Versuchen Sie jetzt auf dieselbe Weise seine Schnelligkeit bei der Wiederholung zu kontrollieren, wobei Sie einen weichen Anschlag beibehalten.

Der Daumen ist ein starker, aber nicht sehr flexibler Finger, deshalb muss er gesondert trainiert werden!

Übung 3

Diese zweistimmige Phrase der rechten Hand finden Sie in den Takten 7 und 8.

Beginnen Sie damit, sie separat zu üben, wie in der Übung dargestellt.

Die Fingersätze müssen eingehalten werden, weil Sie diese auch anwenden, wenn die beiden Stimmen zusammen gespielt werden.

Übung 4

Diese Übung isoliert die Notengruppen dieser Phrase und wiederholt sie, um den Fingersatz der zwei- und dreistimmigen Griffe einzustudieren.

Übung 5

Hier sehen Sie die Phrase in ihrem Originalverlauf, aber mit einem Rhythmus, der einige Noten gruppiert und andere isoliert, damit Sie die Verbindung der Positionen üben können.

Repertoire

 *Melancolica*, Enrique Granados

 Enrique Granados (1867–1916) war ein spanischer Komponist, der auch eine brillante Karriere als Pianist und Interpret durchlebte, bevor er 1901 die Academia Granados gründete und sich von da an dem Klavierunterricht widmete.

Enrique Granados bildete zusammen mit Isaac Albéniz, Manuel de Falla, Joaquin Turina und Joaquin Rodrigo das Quintett, das für die Wiederbelebung der spanischen Musik Ende des 19. Jahrhunderts steht. Er starb tragisch und früh bei einem Schiffsunglück auf See, bei dem Versuch, seine Frau vor dem Ertrinken zu retten.

Spanische Tänze, Nr. 10, Arr. Mélanie Renaud

Von dieser Sammlung spanischer Tänze wurden verschiedene Transkriptionen angefertigt, speziell für Gitarre und Harfe. Wir finden hier fortlaufend Anschläge auf dem Offbeat mit dem Daumen der rechten Hand, die diesem Stück den ausgeglichenen Rhythmus geben.

Versuchen Sie, Ihrem Spiel Schwung und Flexibilität zu verleihen: das Motiv mit vier Sechzehntel am Taktende drängt musikalisch auf die nächste Eins des folgenden Takts hin.

> **IN DIESEM KAPITEL WERDEN SIE LERNEN**
>
> eine Begleitstimme in Achteln zwischen der rechten und der linken Hand aufzuteilen
>
> die Melodie aus der oberen Stimme der rechten Hand klingen zu lassen
>
> das Lesen von Versetzungszeichen zu verbessern

Tag 44
Dienstag – Clairières dans le ciel

Aufwärmen

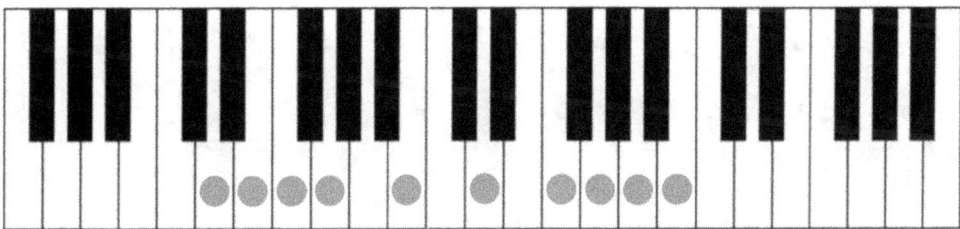

Ihre Hände liegen wieder spiegelbildlich auf der Klaviatur. Die Töne sind nebeneinanderliegend, mit Ausnahme des Daumens, der in einem Terzabstand von den anderen Fingern entfernt liegt.

Wechseln Sie einfache und doppelte Noten bei unterschiedlichen Fingersätzen ab. Bei diesem Aufwärmen arbeiten Sie an der Unabhängigkeit Ihrer Finger innerhalb der Hand.

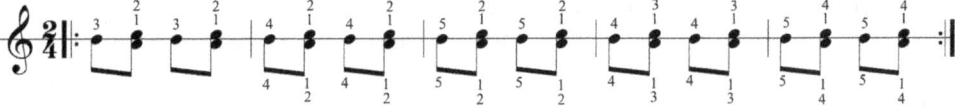

Notenlesen

 ***Trio**, Joseph Haydn*

Die Notenzeile für die linke Hand dieses kurzen Stücks umfasst zwei Stimmen.

Beachten Sie, dass hier viele Chromatiken vorliegen: Die gesamte absteigende Linie des Basses erfolgt in Halbtönen, die obere Stimme verläuft ebenfalls taktweise im Intervall einer kleinen Sekunde (das heißt eines Halbtons).

Auch die rechte Hand schreitet in der ersten Phrase über zwei Takte, in der nächsten über einen Takt melodisch voran.

Menuett in *A*-Dur

Übungen

Übung 1

Diese Übung soll Sie mit dem Stück des Tages vertraut machen. Sie greift isoliert die Achtelnoten auf, die den Verlauf der Begleitstimme am Beginn des Stücks bilden.

Übung 2

Diese Übung wird mit der linken Hand gespielt. Sie können damit ein paar Auszüge detailliert üben.

Übung 3

In dieser Phrase kommt die Melodie in der linken Hand an. Üben Sie sie separat, um alle Änderungen zu erkennen.

Die Oktaven in Achtelnoten werden mit abwechselnden Händen gespielt. Sie sind *staccato* notiert, aber Sie können das Pedal beibehalten.

Übung 4

Um all diese Versetzungszeichen zu meistern, beobachten Sie die Intervalle, aus denen sich die Akkorde zusammensetzen.

Die linke Hand verkettet Quarten, und die Septakkorde der rechten Hand umfassen eine verminderte Quinte, gefolgt von einer großen Terz.

Die Intervalle sind immer die gleichen, außer beim letzten Akkord.

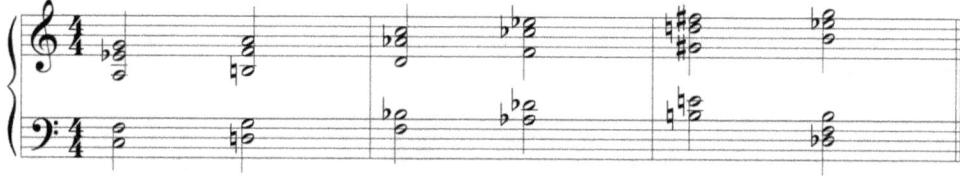

Übung 5

Hier die Arpeggios der linken Hand, mit denen das Stück abgeschlossen wird, zerlegt in zwei Teile: erst die Aufstiege, dann die Abstiege.

Übung 6

In dieser Übung können Sie die obere Melodiestimme der rechten Hand erkennen und hervorheben.

Sie können die Terzen der Begleitung *staccato* spielen, um die Melodie besser zu verdeutlichen.

Repertoire

Clairières dans le ciel, Lili Boulanger

Lili Boulanger (1893–1918) ist in einer Musikerfamilie geboren. Sie spielte bereits von Kindheit an Klavier und zeigte dabei eine Reife, die Gabriel Fauré, ein Freund ihres Vaters, mehr als bewunderte.

Leider wurde bei ihr bereits im Alter von zwei Jahren Darmtuberkulose diagnostiziert, eine Krankheit, mit der sie für den Rest ihres Lebens kämpfen musste.

Nach ihrem Studium am Konservatorium in Paris war sie 1913 die erste Frau, die den großen Preis von Rom für musikalische Komposition gewann.

Bei Ausbruch des Ersten Weltkriegs gründete sie zusammen mit ihrer älteren Schwester Nadia, ebenfalls Komponistin, die *Gazette des classes de composition du Conservatoire*, um Musikern an der Front Möglichkeit zu geben, miteinander zu korrespondieren.

Sie komponierte bis zu ihrem Tod im Alter von 24 Jahren und hinterließ ein sehr inspiriertes, mystisches Werk mit unterschiedlichsten symphonischen Kompositionen – Kammermusik und Lieder gleichermaßen.

 Die Originalversion dieses Stücks ist für Klavier und Gesang geschrieben. Es stammt aus dem Zyklus *Clairières dans le ciel*, dreizehn Melodien zu Gedichten des französischen Dichters Francis Jammes (1868–1938). Hier ist das Gedicht zu diesem Auszug:

Par ce que j'ai souffert

Par ce que j'ai souffert, ma mésange bénie,
Je sais ce qu'a souffert l'autre: car j'étais deux...
Je sais vos longs réveils au milieu de la nuit
Et l'angoisse de moi qui vous gonfle le sein.
On dirait par moments qu'une tête chérie,
Confiante et pure, ô vous qui êtes la sœur des lins
En fleurs et qui parfois fixez le ciel comme eux,
On dirait qu'une tête inclinée dans la nuit
Pèse de tout son poids, à jamais, sur ma vie.

Hier finden Sie die verschiedenen Passagen, die in den Übungen separat bearbeitet wurden.

Genießen Sie die mit *b*-Versetzungszeichen versehenen Akkorde, die in der Mitte des Stücks eine ganz besondere Tonalität und Färbung schaffen.

Diese Musik vermittelt eine weiche, intensive Atmosphäre, die an vielen Stellen ausdrucksvoll deutlich wird.

 Durch die Verwendung von drei Notenzeilen können die Begleitelemente separat visualisiert werden.

Sie können den Bass separat bearbeiten.

TAG 44 Dienstag – Clairières dans le ciel

Arr. Mélanie Renaud

> **IN DIESEM KAPITEL WERDEN SIE LERNEN**
>
> eine vierstimmige Partitur zu spielen
>
> zwei Stimmen mit einer Hand unabhängig zu spielen
>
> das Entziffern schwieriger Akkorde zu perfektionieren

Tag 45
Mittwoch – How do you feel?

Aufwärmen

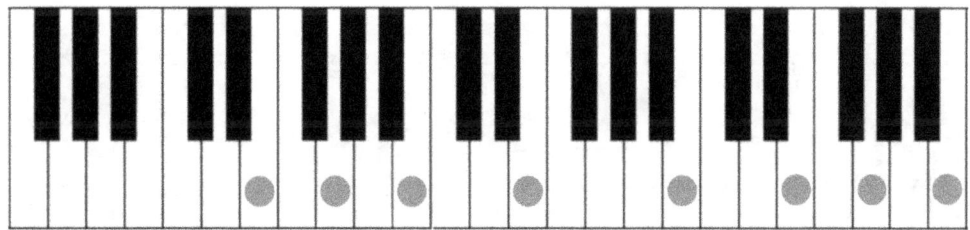

Nehmen Sie mit den Händen wieder die Position ein wie zu Beginn der Woche (weitere Informationen finden Sie an Tag 43).

Die beiden Hände sind spiegelbildlich angeordnet. Spielen Sie die äußerste Note (die obere Stimme für die rechte Hand und die untere Stimme für die linke Hand) mit den vierten oder fünften Fingern und spielen Sie gleichzeitig Achtel mit Ihren Daumen und Zeigefingern.

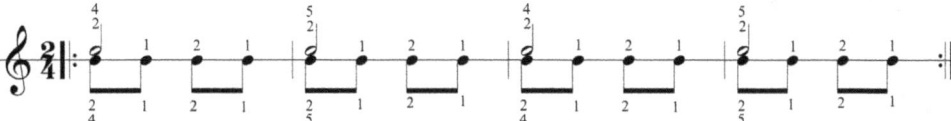

Notenlesen

 Sometimes I feel like a Motherless Child, Spiritual

Hier eine erste Version dieses Liedes. Sie können sich damit an die Melodie gewöhnen, wobei die Begleitung auf ein Minimum reduziert ist und hauptsächlich aus einem Bass in gleichmäßigen Viertelnoten besteht.

Arr. Mélanie Renaud

Übungen

Übung 1

In dieser Übung erkennen Sie die rechte Hand des Stücks des Tages, ich empfehle Ihnen jedoch, zunächst mit beiden Händen zu arbeiten (die Fingersätze sind entsprechend ausgelegt).

Die rechte Hand behält die Melodie bei, die Sie im Abschnitt »Notenlesen« gespielt haben. Ihre linke Hand spielt die innere Stimme in Achteln.

Auf diese Weise erkennen Sie das musikalische Ergebnis, das Sie erzielen möchten – mit einer Hand!

 Spielen Sie die linke Hand sehr *legato*, wie eine Gegenstimme, um eine optimale Verbindung zwischen den beiden Stimmen zu erhalten.

Übung 2

Führen Sie die folgende Übung nur mit der rechten Hand aus. Wie beim Aufwärmen (aber umgekehrt) geht es darum, die Noten der inneren Stimme zu spielen (die Noten der Harmonie), während Sie die Melodie mit Ihrem dritten, vierten oder fünften Finger spielen.

Übung 3

Üben Sie weiterhin mit der rechten Hand, die die Noten der Begleitung enthält, fügen Sie nun aber für die nächste Übung die linke Hand hinzu, die ebenfalls Noten der Begleitung spielt. Dadurch erhalten Sie zusätzlich zur Melodie eine vollständige Harmonie.

Übung 4

In dieser Übung geht es hauptsächlich um die beiden inneren Stimmen, wie sie im Stück des Tages notiert sind, hier jedoch ohne Melodie und Bass.

Aus diesem Grund verwenden Sie in dieser Übung fast nur Ihre Daumen und Ihre zweiten Finger.

Repertoire

 Sometimes I feel like a Motherless Child, Spiritual

 Sometimes I feel like a Motherless Child, manchmal auch einfach *Motherless Child* genannt, ist ein traditionelles afroamerikanisches Spiritual, das von der Sklavenzeit berichtet, als es üblich war, die Kinder der Sklaven zu verkaufen und von ihren Eltern zu trennen.

Das Lied war in den 1870er-Jahren ein riesiger Erfolg. Es wurde von vielen Interpreten aufgeführt und aufgenommen, manchmal mit abgeändertem Text.

Es drückt deutlich den Schmerz, die Verzweiflung und die Hilflosigkeit eines Kindes aus, das von seinen Eltern weggerissen wurde. Es kann als Metapher für die Entwurzelung der Sklaven aus ihrem Land gesehen werden. Wir finden darin symbolhafte Hinweise auf den Himmel und die Hoffnung auf die Wiedervereinigung der getrennten Menschen.

Das *Tempo* dieses Liedes ist sehr ruhig. Die kontinuierliche Bewegung der Achtelnoten verleiht ihm einen sanft klagenden Charakter.

Versuchen Sie, alle Stimmen deutlich klingen zu lassen, indem Sie so *legato* wie möglich spielen, und Nuancen erkennbar zu machen. Beispielsweise gibt es ein großes *Crescendo* in Takt 10, wobei in den nachfolgenden Takten wieder die ruhige Stimmung angenommen wird. Diese Musik, die aus Gesang entstanden ist, wird mit viel rhythmischer Flexibilität und Freiheit interpretiert: Folgen Sie Ihrer Atmung!

Arr. Mélanie Renaud

> **IN DIESEM KAPITEL WERDEN SIE LERNEN**
>
> die linke und die rechte Hand gleichermaßen klingen zu lassen
>
> eine Melodie und eine Begleitstimme gleichzeitig mit der linken Hand zu spielen
>
> Arpeggio-Akkorde variantenreich zu spielen
>
> das vertikale Lesen der Noten zu verbessern

Tag 46
Donnerstag – Zauberhafter Juni

Aufwärmen

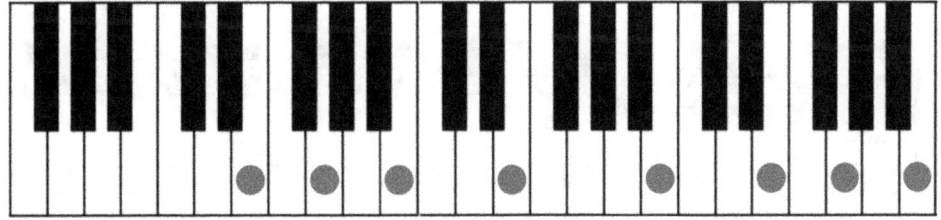

Auch hier nehmen Ihre Hände die offene Position wie an den Tagen 43 und 45 ein.

Heute wiederholen Sie die kleinen Abläufe für beide Hände zusammen in gespiegelter Spielweise.

Dazu ist es notwendig, alle Finger separat voneinander zu bewegen und die Griffe der nicht benachbarten Finger zu einer Einheit zusammenzufassen.

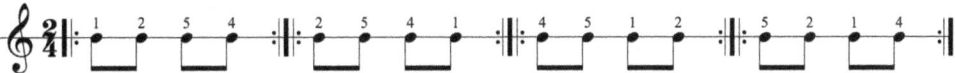

Notenlesen

Passacaglia in G-Moll, Georg Friedrich Händel

Hier die Variationen 11 und 12 unseres Puzzles, das langsam Form annimmt! Diese vorbereitende Form hilft Ihnen, Akkorde vertikal zu lesen und Ihre Hände für die nachfolgenden Variationen zu platzieren.

HWV 432

Und hier die Originalversion: Die Platzierung ist identisch, aber die rechte Hand spielt die Akkorde in aufgebrochenen Arpeggios.

Übungen

Übung 1

In dieser ersten Übung spielen Sie die beiden melodischen Stimmen des ersten Teils des Stücks, befreit von jeder Begleitung.

Üben Sie, beide im Dialog klingen zu lassen.

Übung 2

Hier die Ergänzung der vorhergehenden Version: nur die Begleitung ohne die Melodie.

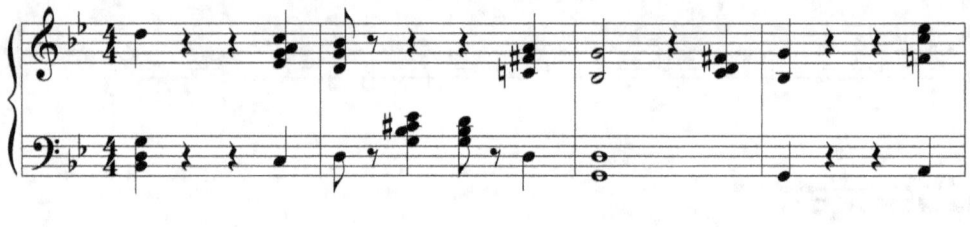

Übung 3

Diese Übung greift die vorhergehende auf, jetzt aber mit dem Hinweis auf die Arpeggios an den Akkorden.

Versuchen Sie, jeden Akkordton vom tiefsten der linken Hand bis nach oben zum höchsten Ton der rechten Hand schnell nacheinander anzuschlagen und klingen zu lassen, und das Ganze weich und gleichmäßig.

Das Ergebnis wird Sie an die Sanftheit einer Harfe erinnern.

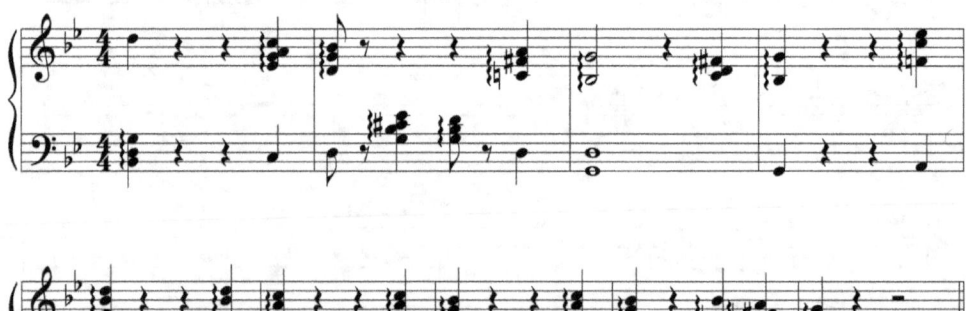

Übung 4

Und nun zum zweiten Teil des Stücks. Hier sehen Sie eine weitere Möglichkeit, daran zu arbeiten – Sie spielen die Melodie der rechten Hand mit einer der beiden Begleitstimmen der linken Hand.

Zunächst mit den Grundakkorden.

Übung 5

Hier folgt die rechte Hand, begleitet mit Arpeggios der linken Hand, die eingeschoben werden, während die halben Noten der Melodie gehalten werden.

Repertoire

 Juni, Pjotr Iljitsch Tschaikowski

 Pjotr Iljitsch Tschaikowski (1840–1893) war ein russischer Komponist und eine der wichtigsten Figuren des Zeitalters der Romantik.

Sein Werk, das weit mehr vom Westen inspiriert ist als das seiner Landsleute zu dieser Zeit, verbindet westliche wie exotische Elemente mit nationalen Volksmelodien.

Als großer Komponist für Orchester (Sinfonien, Konzerte und so weiter) revolutionierte er die Ballettmusik, indem er ihr eine sinfonische Dimension hinzufügte.

Die Jahreszeiten (Op. 37bis) ist eine Suite von zwölf Stücken für Klavier, die er von Dezember 1875 bis November 1876 für eine monatliche Musikzeitschrift in St. Petersburg komponierte, wobei auch die Partituren veröffentlicht wurden.

Der Herausgeber des *Nouvelliste* bat ihn, jeden Monat ein Stück zu komponieren. Tschaikowski fand die Aufgabe einfach und unbedeutend und bat seinen Diener, ihn am Anfang jedes Monats daran zu erinnern.

Jedes Stück wird von einer poetischen Epigrafik begleitet. Hier ist die vom Monat Juni, die Barkarole:

Wir fahren an die Küste,
wo die Wellen unsere Füße streicheln werden.
Die Sterne, die sich einer heimlichen Traurigkeit hingeben,
strahlen uns an.

Dieses Stück präsentiert eine Fülle von miteinander verwobenen melodischen Linien. Versuchen Sie, alle Stimmen mit beiden Händen zum Klingen und in Dialog zu bringen. Versuchen Sie, die als Arpeggios gespielten Akkorde sehr sanft in die melodischen Linien einfließen zu lassen und den rhythmischen Fluss der Phrasierung nicht zu unterbrechen.

TAG 46 Donnerstag – Zauberhafter Juni

Die Jahreszeiten

 Um die Melodielinie der rechten Hand nicht zu unterbrechen, merken Sie sich diese drei Achtelnoten, spielen sie und blättern unterdessen mit der linken Hand um!

282 TAG 46 Donnerstag – Zauberhafter Juni

> **IN DIESEM KAPITEL WERDEN SIE LERNEN**
>
> eine Melodie auf die Daumen der beiden Hände aufgeteilt zu spielen;
>
> eine Begleitung in Arpeggios mit derselben Hand zu spielen, deren Daumen die Melodie spielt
>
> die Unabhängigkeit der Finger zu verbessern

Tag 47
Freitag – Liebestraum

Aufwärmen

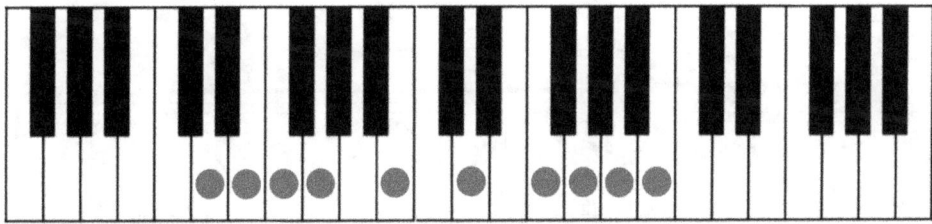

Platzieren Sie Ihre Hände wieder wie an Tag 44 und halten Sie mit dem Daumen die jeweilige Taste gedrückt, während Sie die Achtel mit den anderen Fingern spielen. Dies verbessert die Unabhängigkeit innerhalb jeder Hand.

Notenlesen

 Walzer, Antonín Dvořák

In diesen paar Takten haben Sie eine kleine Melodie für den Daumen der rechten Hand, vervollständigt mit Arpeggios, gespielt mit den anderen Fingern derselben Hand.

Die linke Hand spielt eine Walzerbegleitung, wie Sie sie bereits in früheren Kapiteln geübt haben, hier auf einem Akkord in *G*-Moll.

 Der Rhythmus der beiden Hände ist einfach und binär, aber die Noten der Melodie schaffen ein Gleichgewicht, indem sie sukzessive auf die Zählzeiten »1« oder »2 und« gesetzt werden.

Op. 54 Nr. 5

 **Ballade**, Edvard Grieg

In diesem zweiten Auszug ist die Tonalität vergleichbar, ebenso die verwendeten Arpeggios. Die Notation ist sehr ähnlich, aber hier werden beide Hände benutzt.

So werden zwei parallele Melodien mit den Daumen gespielt, in Terzintervallen und rhythmisch identisch.

 Das *Tempo* kann langsam sein. Versuchen Sie, den Ausdruck der Melodie hervorzuheben und den Unterschied zwischen den Melodietönen des Liedes und denen der Begleitung deutlich zu machen.

Op. 24

Übungen

Übung 1

Zunächst üben Sie die Melodie für das Stück des Tages, die ebenfalls mit den beiden Daumen gespielt wird, aber nacheinander, und nicht parallel, wie im vorigen Abschnitt »Notenlesen«.

Es handelt sich dabei um eine auf beide Hände verteilte Melodie. Hier wird sie einfach mit dem Bass begleitet.

 Versuchen Sie, ihr möglichst viel Ausdruck zu verleihen und die zweitaktige Phrasierung fortzuführen.

Übung 2

Es folgt der zweite Schritt, sich das Stück zu erarbeiten. Der Melodie werden die geschichteten Akkorde der rechten Hand hinzugefügt, hier nicht als Arpeggios gespielt, wie es in der endgültigen Version der Fall sein wird.

In dieser Übung können Sie auch das Pedalspiel üben, indem Sie es bei jedem harmonischen Wechsel drücken.

Übung 3

In dieser Übung finden Sie die Arpeggios der rechten Hand, separat dargestellt, wobei einige Intervalle für die Platzierung Ihrer Hand verdoppelt sind, häufig mit erweiterten Griffen. Versuchen Sie dabei, sich die Intervalle zu merken.

Repertoire

 ## *Liebestraum*, Franz Liszt

 Franz Liszt (1811–1886) war ein ungarischer Komponist und großer Klaviervirtuose im Zeitalter der Romantik.

Liebesträume ist eine Sammlung von drei Stücken, die 1850 komponiert wurden. Nach ihrer Veröffentlichung erschienen zwei Versionen, ein Lied für Gesang und Klavier sowie eine Transkription für Soloklavier.

Nr. 3 (S/G 541)

Franz Schubert machte eine Bemerkung zu den Transkriptionen der Lieder von Liszt, die gut zu unserem Stück des Tages passt: »Ihre Schwierigkeit liegt nicht nur im Fingersatz. Vielmehr ist sie auch intellektueller Art. Der Gesang im mittleren Teil [...] geht ständig von einer Hand auf die andere über, was dem Spieler auch eine enorme intellektuelle Beweglichkeit abfordert.«

Am bekanntesten ist das dritte dieser romantischen Klavierstücke. Es basiert auf einem Gedicht von Ferdinand Freiligrath, *O lieb, so lang du lieben kannst*.

Die Melodie ist als *dolce cantando* notiert. Achten Sie jedoch darauf, sie deutlich zu spielen, damit sie sich abhebt und sich nicht mit den Arpeggios der Begleitung vermischt.

Sie können das Dämpferpedal verwenden, um die Tonalität ganz allgemein weich zu gestalten.

Das *Tempo* ist flüssig, hetzen Sie jedoch nicht bei den Achtelnoten. Konzentrieren Sie sich zunächst auf die Gleichmäßigkeit und die rhythmische Integration der Begleitarpeggios in die Melodie, die nicht zu einer Unterbrechung innerhalb des Verlaufs führen dürfen.

> **IN DIESEM KAPITEL WERDEN SIE LERNEN**
>
> die Unabhängigkeit der Stimmen innerhalb einer Hand zu perfektionieren
>
> die Mobilität der linken Hand bei als Arpeggio gespielten Achtelnoten zu verbessern

Tag 48
Samstag – Ave Maria

Repertoire

 ***Ave Maria*, Charles Gounod**

 Ave Maria (»Gegrüßet seist du Maria«) ist ein katholisches Gebet an die Heilige Maria, dessen erster Teil von Katholiken und Orthodoxen gleichermaßen verwendet wird.

Es wiederholt die Grußworte des Engels Gabriel an Maria bei der Verkündigung.

Ursprünglich war dieses Stück eine Klavierimprovisation von Charles Gounod über das erste Präludium aus dem ersten Buch des *Wohltemperierten Klaviers* von Johann Sebastian Bach.

Sein Schwiegervater (ebenfalls Pianist) schuf ein Arrangement für Geige und Chor, anschließend für Geige und Klavier unter dem Titel *Meditation*. Im Jahr 1859 wurde die gesungene Version mit der lateinischen Textversion des Gebets uraufgeführt.

Ave Maria, gratia plena,	Gegrüßet seist du, Maria, voll der Gnade,
dominus tecum,	der Herr ist mit dir.
benedicta tu in mulieribus,	Du bist gebenedeit unter den Frauen,
et benedictus fructus ventris tui, Jesus.	und gebenedeit ist die Frucht deines Leibes, Jesus.
Sancta Maria, Mater Dei,	Heilige Maria, Mutter Gottes,
ora pro nobis, peccatoribus,	bitte für uns Sünder
nunc, et in hora mortis nostrae.	jetzt und in der Stunde unseres Todes.
Amen.	Amen.

TAG 48 Samstag – Ave Maria

Arr. Mélanie Renaud

Ratschläge für die Übung

Für diejenigen unter Ihnen, die dieses Präludium von Johann Sebastian Bach noch nie gespielt haben, hier haben Sie die Gelegenheit, es kennenzulernen. Charles Gounod hat den originalen Notentext verwendet und einfach eine Melodiestimme ergänzt.

 Sie können eine Einleitung hinzufügen, indem Sie die ersten vier Takte des Präludiums spielen, das heißt die ersten vier Takte dieses Stücks ohne die Melodie.

Die Notation dieses Auszugs fördert die Unabhängigkeit der Finger einer Hand – wie Sie es in den letzten Kapiteln geübt haben.

Die Hauptmelodiestimme wird von bestimmten Fingern gehalten (hier hauptsächlich vom vierten und fünften Finger), während andere die Arpeggios der Begleitung spielen.

TAG 48 Samstag – Ave Maria

 ## *Ave Maria*, Guilio Caccini

 Dieses *Ave Maria* ist eine Melodie, die 1970 von Vladimir Vavilov aufgenommen und mit dem Vermerk »unbekannter Autor des 16. Jahrhunderts« versehen wurde. Musikwissenschaftler streiten weiterhin über die Identität dieses »unbekannten Autors«.

Die Hypothese, es stamme von dem italienischen Komponisten Guilio Caccini oder einem seiner Schüler scheint plausibel, aber man geht eher davon aus, dass es sich um eine Nachahmung dieses Stils von Vladimir Vavilov selbst handelt.

In der Tat sind die verwendeten Harmonien denjenigen ähnlich, die man am Ende des achtzehnten Jahrhunderts verwendet hat, und der nur aus den beiden Worten »Ave Maria« bestehende Text und nicht die Ausführung des Gebets in seiner Gesamtheit scheint unpassend für die Zeit der Renaissance.

Arr. Mélanie Renaud

Ratschläge für die Übung

Dieses Stück hat ein langsames *Tempo*, sodass Sie viel Zeit haben, die Melodie klingen zu lassen.

Die Begleitung ist einfach, achten Sie darauf, die Akkordwiederholungen der linken Hand nicht zu schwer zu spielen.

Im zweiten Teil finden Sie eine zweistimmige Notation: Melodie und Gegenstimme in der rechten Hand, anschließend entwickelt die linke Hand im letzten Teil eine sehr melodiöse Begleitung in Arpeggios.

TAG 48 Samstag – Ave Maria

TAG 48 Samstag – Ave Maria

IN DIESEM KAPITEL WERDEN SIE LERNEN

benachbarte Noten zu spielen

Terzintervalle zu erkennen

eine Quinttransposition zu erkennen

ein Menuett zu spielen

Tag 49
Sonntag – Symphonie »Aus der neuen Welt«

Repertoire

Symphonie Nr. 9 in E-Moll, die »Symphonie aus der neuen Welt«, Antonín Dvořák

Antonín Dvořák komponierte diese Symphonie 1893, kurz nachdem er in den USA angekommen war, um das Konservatorium in New York zu leiten.

Sie ist die bekannteste seiner Symphonien und eines der beliebtesten Werke des modernen symphonischen Repertoires. Sie besteht ganz klassisch aus vier Sätzen: *Adagio – Allegro molto; Largo; Scherzo: molto vivace; Allegro con fuoco.*

Dvořák erklärte, seine Symphonie aus der neuen Welt wäre unter anderem von einem Gedicht inspiriert, *Das Lied von Hiawatha*, aber, wie er hinzufügte, »ohne eine der indianischen Melodien zu verwenden. Ich habe einfach eigene Themen geschrieben, die die Eigenheiten dieser Musik aufgreifen, und diese Themen dann mit modernen Rhythmen, Kontrapunkten und orchestralen Klangfarben weiterentwickelt.«

Ratschläge für die Übung

Im Auszug aus dem ersten Satz finden Sie nach ein paar langsamen, einführenden Takten eines der sehr berühmten Themen dieser Symphonie für die linke Hand, begleitet von *Tremolos* in der rechten Hand.

Die Antwort ist ein rhythmisches Motiv, unisono mit beiden Händen gespielt, dessen Fingersatz Sie so anpassen sollten, dass Sie es im entsprechenden *Tempo* spielen können.

Op. 95, erster Satz, Arr. Mélanie Renaud

Symphonie Nr. 9 in E-Moll, Antonín Dvořák

Antonín Dvořák hatte die Idee, diesen Satz für ein zukünftiges größeres Werk zu entwickeln, das er jedoch nie abgeschlossen hat.

Dieser Satz kennzeichnet diese Symphonie durch die Nostalgie, die von ihr ausgeht.

Ratschläge für die Übung

Sie können die (in Terzen geführte) Melodie separat mit der rechten Hand üben, bevor Sie die mit den Daumen gehaltenen Noten hinzufügen. Umgekehrt können Sie auch die Akkordverbindungen allein üben, bevor Sie die Melodie hinzufügen.

Das *Tempo* ist langsam.

In den letzten Takten werden die Akkorde als Arpeggios mit einem sehr breiten Klang gespielt. Nehmen Sie sich die Zeit, jede Note ohne Eile zu spielen.

Op. 95, zweiter Satz, Arr. Mélanie Renaud

Symphonie Nr. 9 in E-Moll, Antonín Dvořák

Ratschläge für die Übung

Das bekannteste Thema dieser Symphonie erscheint in Takt 10. Es wird in den inneren Stimmen unisono in Oktaven geführt und von Akkorden für die äußeren Finger beider Hände begleitet.

Achten Sie darauf, dass diese Akkorde gerade die Dauer einer Viertelnote haben, damit die langen Noten des Themas zu hören sind.

Dieser Satz enthält eine Fülle von Lautstärken: *forte, fortissimo* und sogar *forte-fortissimo*! Eine gute Gelegenheit, Ihre Klangleistung zu demonstrieren, aber Vorsicht: Versuchen Sie, nicht zu sehr auf die Tasten zu »hauen«, um einen exakten Anschlag bei den Akkorden zu bewahren. Lehnen Sie Ihren ganzen Körper nach vorne, um Ihre Unterarme zu unterstützen.

Op. 95, vierter Satz, Arr. Mélanie Renaud

TAG 49 Sonntag – Symphonie »Aus der neuen Welt«

IN DIESEM KAPITEL WERDEN SIE LERNEN

eine andere rhythmische Form zur Begleitung eines Tangos zu verwenden

Noten mit Wiederholungen paarweise zu verbinden

Ihr Gefühl für Synkopen zu perfektionieren

Tag 50
Montag – El Choclo

Aufwärmen

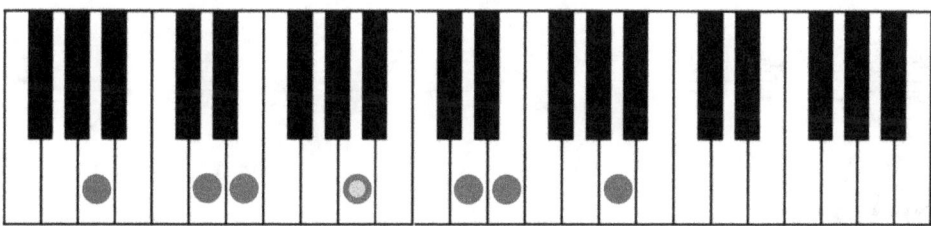

Legen Sie beide Hände auf eine Oktave von *A*, innen mit *D* und *E*.

Die beiden Hände spielen dieses Aufwärmen gemeinsam.

Diese rhythmische und mit vielen Synkopen behaftete Form über zwei Takte entwickelt sich schrittweise weiter, wobei am Ende immer mehr Achtelnoten in der Oktave gespielt werden.

Notenlesen

 Sonate in B-Dur, Joseph Haydn

Dieser kleine Auszug zeigt eine Notation mit paarweise gebundenen, benachbarten Noten, mit Fingerwechsel auf der wiederholten Note.

Die absteigenden Phrasen üben die Wiederholung mit Wechsel vom zweiten zum dritten Finger, die große aufsteigende Phrase am Ende den Wechsel vom vierten zum dritten Finger.

Arr. Mélanie Renaud

Übungen

Übung 1

Um sich mit der Notation für die linke Hand im Repertoire des Tages vertraut zu machen, greift diese erste Übung die Abläufe für die rechte Hand aus der Einführung noch einmal auf und entwickelt sie mit verschiedenen Umkehrungen von Arpeggios weiter.

 Dank der gleichmäßigen Achtelnoten der rechten Hand können Sie die rhythmische Platzierung Ihrer linken Hand überprüfen.

Übung 2

Hier der erste Teil des Stücks ohne Tonwiederholungen, damit Sie sich den Aufbau der Melodie und ihre Hauptnoten gut merken können.

Versuchen Sie, die rhythmische, synkopische Platzierung der linken Hand zu beobachten. Die rechte Hand bleibt bei gleichmäßigen Viertelnoten.

Übung 3

Umgekehrt spielen Sie in dieser Phrase des zweiten Teils in der rechten Hand sehr synkopisch und auf unbetonten Zählzeiten, platzieren die linke Hand jedoch auf allen Schlägen, um den Rhythmus zu fühlen.

Repertoire

El Choclo, Angel Villoldo

El Choclo ist ein argentinischer Tango, 1903 von Angel Villoldo komponiert.

El choclo bedeutet »Maiskolben«. Angel Villoldo komponierte für Ballorchester, um seinen Lebensunterhalt zu verdienen, deshalb hat er wahrscheinlich für den Titel den Namen einer der Zutaten des *Puchero* (ein Eintopfgericht) gewählt.

Dieser Tango war ein unmittelbarer Erfolg und wurde von vielen Interpreten übernommen.

Er besteht aus drei Teilen, die jeweils auf unterschiedliche Weise synkopiert sind, mit einem rhythmischen Ablauf der linken Hand, der im ersten und dritten Teil dominant ist.

Im zweiten Teil übernimmt die rechte Hand die Synkopen, und die linke Hand spielt einen gleichmäßigen, melodischeren Bass mit chromatischen Verläufen.

Die Anfangsmelodie ist sehr ausdrucksstark, spielen Sie sie mit viel Charakter!

Der Teil in *D*-Dur kann auf eine beschwingtere und fröhlichere Weise gespielt werden.

> **IN DIESEM KAPITEL WERDEN SIE LERNEN**
>
> ein weiteres Ave Maria zu spielen
>
> mit der linken Hand Triolen zu spielen und zugleich binäre Achtel mit der rechten Hand

Tag 51
Dienstag – Drei auf zwei

Aufwärmen

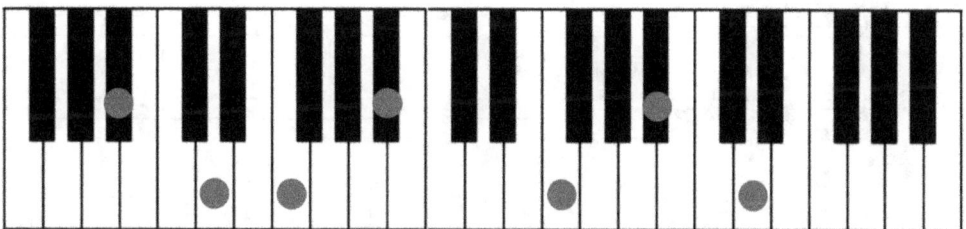

Ein großes Arpeggio in *B*-Dur: vier Noten mit der linken Hand, drei mit der rechten Hand.

Beide Hände spielen ihr Arpeggio parallel auf und ab.

Die Hände sind an den äußeren Noten synchron: gespielt mit dem fünften Finger und dem Daumen.

Die linke Hand muss jedoch zwischen diesen beiden Punkten zwei andere Noten spielen, während die rechte Hand nur eine Note spielt. Die Note für die rechte Hand muss dabei zwischen die beiden letzten Achtel der Triole der linken Hand eingeschoben werden, und das, ohne die Gleichmäßigkeit der Triole zu unterbrechen!

Eine sehr komplexe Übung...

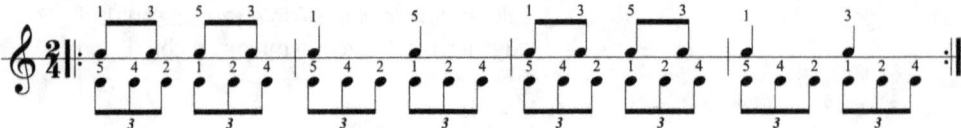

Notenlesen

 ### *Ave Maria,* Franz Schubert

Hier das Thema eines dritten *Ave Maria*!

In diesem Auszug ist es mit einer sehr einfachen linken Hand dargestellt, die Akkorde in halben Noten spielt.

Arr. Mélanie Renaud

Übungen

Übung 1

Diese Übung greift die Arpeggios aus der Einleitung wieder auf, ebenso wie die *Coda* des Stücks. Die Akkorde werden simultan gespielt, damit Sie sich mit den Verbindungen der Umkehrungen vertraut machen können.

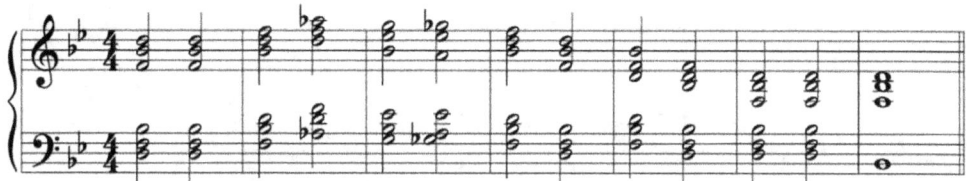

Übung 2

Dieselben Akkorde werden jetzt abwechselnd mit dem Bass gespielt, womit Sie die Verschiebungen der linken Hand üben werden.

Übung 3

In dieser Übung werden die Triolen der linken Hand nicht im selben Takt gespielt, sondern abwechselnd mit den Achteln des Themas der rechten Hand. Auf diese Weise konzentrieren Sie sich auf die Gleichmäßigkeit Ihres Rhythmus und üben den – nahtlosen – Übergang zwischen ternären und binären Achtelnoten.

Diese Übung kann ein Schritt hin zum Stück des Tages sein oder als vereinfachte Version verwendet werden, wenn Sie Schwierigkeiten haben, »drei auf zwei« zu spielen. (Fügen Sie einfach die Einleitung und den Schluss auf beiden Seiten hinzu).

Repertoire

Ave Maria, Franz Schubert

Ellens dritter Gesang, Hymne an die Jungfrau (D839, Op. 52 Nr. 6) ist eine der berühmtesten Kompositionen von Franz Schubert. Das Stück wurde 1825 komponiert und ist auch unter dem Namen »Ave Maria von Schubert« bekannt.

Dieses Stück, das aus einem Zyklus von sieben Liedern stammt, ist eine Bearbeitung von *Die Dame vom See*, einem poetischen Lied von Walter Scott aus dem Jahr 1810.

In diesem Gedicht ist die Figur Ellen geflohen und versteckt sich in einer Höhle, wo sie ein Gebet an die Jungfrau Maria schickt und um ihre Hilfe bittet.

Die Ausführung der Arpeggios, die dieses Lied begleiten, ist aufgrund der zum Teil großen Sprünge schwierig, verstärkt durch die zahlreichen Verschiebungen der linken Hand. Versuchen Sie, sie sanft zu spielen, damit sie nicht die Melodie überlagern.

Das *Tempo* ist nicht sehr schnell und erlaubt Ihnen, in dieser sehr fließenden Melodie viel Ausdruckskraft zu entfalten.

IN DIESEM KAPITEL WERDEN SIE LERNEN
»drei auf zwei« zu perfektionieren
mit der rechten Hand Triolen zu spielen und binäre Achtel mit der linken Hand
Reihen von Triolen mit benachbarten Noten zu spielen

Tag 52
Mittwoch –
Die Fee der Quelle

Aufwärmen

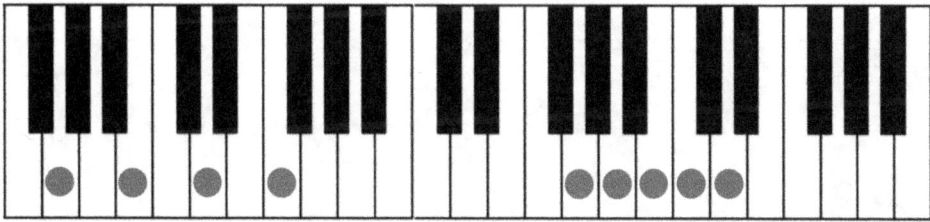

Hier verlängern wir das Aufwärmen des vorhergehenden Kapitels mit einem Arpeggio über eine Septime auf *G* mit der linken Hand und fünf benachbarten Noten ab *G* mit der rechten Hand.

Die Hände sind nicht mehr auf den äußeren Noten synchronisiert, aber ihre Abläufe wiederholen sich.

Jetzt muss die linke Hand ihr zweites Achtel zwischen die beiden letzten Achtel der Triole der rechten Hand schieben, ohne dabei die Gleichmäßigkeit der Triole zu stören!

TAG 52 Mittwoch – Die Fee der Quelle

Auch dies ist eine eher komplexe Übung …

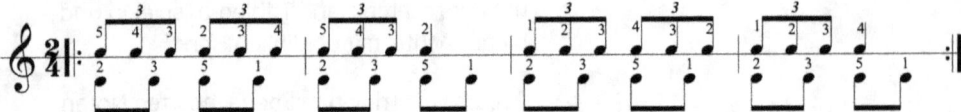

Notenlesen

 ### *Passacaglia in G-Moll*, Georg Friedrich Händel

 Hier die fünfte Variation der *Passacaglia* als Pendant zur sechsten, die Sie an Tag 25 bearbeitet haben, dort jedoch mit der linken Hand.

Sie finden hier eine harmonische linke Hand, während die rechte Triolen in einer hübschen melodischen Girlande aneinanderkettet, zart und gleichmäßig.

HWV 432

Übungen

Die fünf folgenden Übungen sind speziell den Verbindungen von binären und ternären Achtelnoten gewidmet.

Übung 1

Nehmen Sie sich die Zeit, den Verlauf der rechten Hand gut zu üben, sodass Sie die rhythmische Platzierung perfekt beherrschen, wobei die beiden Achtel der linken Hand zu Vierteln vereint werden.

Achten Sie vor allem auf den Fingersatz, um sich anschließend auf den Rhythmus konzentrieren zu können.

Übung 2

Beginnen Sie damit, die Noten zu üben, an denen Ihre beiden Hände zusammentreffen, indem Sie zunächst die Triolen der rechten Hand komplett spielen und mit der linken Hand nur die erste Note der Achtelgruppe.

Übung 3

Jetzt wird das Ganze umgekehrt und Sie spielen die Achtel der linken Hand komplett und jeweils nur die erste Note der Triolen der rechten Hand.

Übung 4

Nachdem Sie die Punkte beherrschen, an denen die Hände zusammentreffen, können Sie jede Verbindung von Achteln und Achteltriolen isolieren und sich auf die Abfolgen im Inneren der Triole konzentrieren.

Wiederholen Sie die einzelnen Takte so oft wie nötig, bis Sie einen fließenden Rhythmus umsetzen können.

Übung 5

Versuchen Sie jetzt, die beiden »Drei-zu-zwei«-Verbindungen im Zusammenhang.

Wiederholen Sie auch hier jeden Takt separat so oft wie nötig mit einzelnen Händen, um deren Rhythmus vergleichen und kontrollieren zu können: Weder die Triolen noch die Achtelnoten dürfen beim Wechsel von der Version mit einzeln gespielten Händen zur Version mit zusammen gespielten Händen im Rhythmus verändert werden.

TAG 52 Mittwoch – Die Fee der Quelle

Repertoire

 ***Die Fee der Quelle*, Amy Beach**

 **Amy Beach** (1867–1944) war eine amerikanische Pianistin und Komponistin.

Amy Beach war größtenteils Autodidaktin, aber ihr Talent war bereits in der Jugend offensichtlich. Schon mit 15 Jahren war sie eine großartige Pianistin und begann zu diesem Zeitpunkt ihre berufliche Karriere.

Leider zwang ihre Heirat zwei Jahre später sie dazu, diese Aktivitäten aufzugeben. Sie beschloss, sich dem Komponieren zu widmen und schuf ein reichhaltiges Werk, das zunächst mit Stücken für Klavier begann, aber schließlich auch melodische Symphonien, Kammermusik und Opern umfasste. Aufgrund ihrer irischen Herkunft flossen in ihre Kompositionen häufig beliebte gälische Melodien ein.

Im Jahr 1892 war sie die erste Komponistin, die von der Boston Music Society aufgeführt wurde.

Zwanzig Jahre später, nach dem Tod ihres Mannes, nahm sie ihre Karriere als Pianistin wieder auf und feierte große Erfolge auf Tourneen in den Vereinigten Staaten und Europa.

 Die Fee der Quelle eröffnet die Sammlung *Träume von Colombine*, Op. 65, komponiert im Jahr 1907.

Amy Beach betitelte diese Sammlung von fünf Klavierstücken als »Französische Suite«.

Die anderen Stücke setzen die Bildsprache der Erzählung fort und tragen die Titel : Der anmutige Prinz, Liebeswalzer, Unter den Sternen, Tanz des Harlekins.

 Beachten Sie, dass sich die Terz der linken Hand vom Beginn des Stücks chromatisch als innen liegende Stimme fortsetzt, dabei jedoch im Rahmen der *E*-Oktave an den äußeren Fingern der Hand bleibt.

Die Harmonien dieses Stücks erinnern an die zahlreichen Undinen und anderen Meereswesen, die die musikalische Literatur zu Beginn des 20. Jahrhunderts bevölkern.

Am Anfang verkörpert die gleichmäßige Bewegung der linken Hand das ruhige Wasser der Quelle. Anschließend tauchen die ausschmückenden Noten in Achteltriolen auf, strahlend, melodiös akzentuiert, wie von den Meerjungfrauen gezauberte Wellen.

Beachten Sie auch den weitreichenden Umfang von *crescendo* und *decrescendo*, die das Erscheinen und Verschwinden der Fee kennzeichnen.

TAG 52 Mittwoch – Die Fee der Quelle

Träume von Colombine, Arr. Mélanie Renaud

> **IN DIESEM KAPITEL WERDEN SIE LERNEN**
>
> ein Stück nur mit der linken Hand zu spielen
>
> drei verschiedene Stimmen mit der linken Hand zu spielen

Tag 53
Donnerstag – Präludium nur für die linke Hand

Aufwärmen

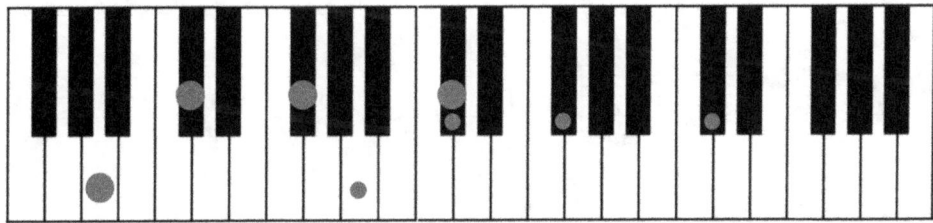

Derselbe Akkord, weit aufgespalten, in Arpeggios mit beiden Händen gespielt.

Um dieses Arpeggio flüssig zu spielen, versuchen Sie, Ihr Handgelenk beweglich zu machen.

Spielen Sie das Arpeggio in beide Richtungen: sowohl von unten nach oben als auch von oben nach unten.

Sie können zunächst vier Arpeggios von jeder Richtung abwechselnd spielen, dann zwei, bis schließlich hin zu einem.

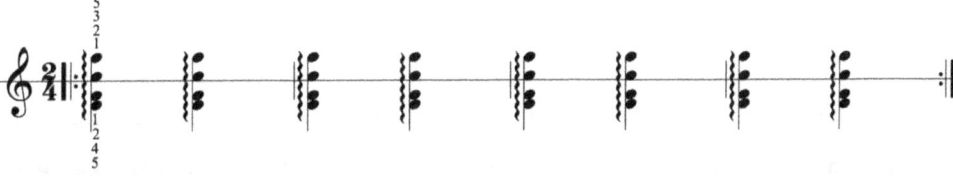

Notenlesen

 ***Prélude für die linke Hand,* Alexander Skrjabin**

Hier finden Sie die Melodie des Stücks, begleitet vom Bass.

In diesem ersten Durchgang können Sie diesen Auszug mit zwei Händen spielen, um sich an die Notation zu gewöhnen.

Op. 9, Arr. Mélanie Renaud

Übungen

Übung 1

Versuchen Sie jetzt, denselben Auszug zu spielen, nun aber nur mit der linken Hand!

Der Fingersatz ist im Hinblick auf die endgültige Version angegeben (in der noch eine dritte Stimme hinzugefügt wird), deshalb können Sie ihn hier bereits üben. Sie können sich aber auch auf die Ausführung dieses Schritts konzentrieren und einen für Sie besser geeigneten Fingersatz verwenden.

Übung 2

Für den zweiten Abschnitt gehen Sie genauso vor.

Spielen Sie zuerst die Melodie mit der Begleitung in Achteln mit beiden Händen, um sich mit der Notation und der musikalischen Atmosphäre der Harmonien vertraut zu machen.

Übung 3

Und auch jetzt spielen Sie wieder diesen Auszug nur mit der linken Hand. Auch hier berücksichtigt der Fingersatz bereits den Bass, der später noch hinzukommt, Sie können ihn aber vorübergehend ändern.

Übung 4

Nach derselben Logik folgt hier die letzte Kombination, die den Bass und die Achtelakkorde kombiniert.

Sie können zunächst mit beiden Händen spielen, wie bereits zuvor, um sich auf den musikalischen Aspekt, auf die Phrasierung und die Nuancen sowie das Pedal konzentrieren zu können.

Übung 5

Hier der letzte vorbereitende Schritt. Üben Sie diese Zuordnung von Bass und Akkorden nur mit der linken Hand.

Ich empfehle Ihnen, den hier gezeigten Fingersatz beizubehalten, um bereits die Bassstimme einzuführen, der Sie später nur noch die Melodie hinzufügen.

Repertoire

Prélude nur für die linke Hand, Alexander Skrjabin

Alexander Skrjabin (1871–1915) war ein russischer Pianist und Komponist.

Als höchst originelle musikalische Persönlichkeit entwickelte Alexander Skrjabin eine ganze Mystik der Ekstase, beeinflusst von Theosophie und Synästhesie.

Er komponierte ein umfangreiches Werk für Klavier: Sonaten, Präludien, musikalische Gedichte, darunter Hauptwerke der Klavierliteratur des beginnenden 20. Jahrhunderts, die viele Komponisten der Neuzeit beeinflussten.

Opus 9 ist eine Folge von zwei frühen Stücken (Präludium und Nocturne), 1894 von Alexander Skrjabin für die linke Hand allein geschrieben, weil er sich ein paar Jahre zuvor an der rechten Hand verletzt hatte. Diese beiden Stücke waren sofort ein großer Erfolg.

Dieser letzte Donnerstag, der ganz der linken Hand gewidmet ist, legt die Messlatte sehr hoch, Sie haben es erkannt!

Dieses Stück ist musikalisch und flüssig extrem schwierig zu spielen, aber in diesem kurzen Ausschnitt können Sie alles ausprobieren, was Ihre linke Hand gleichzeitig spielen könnte: nicht weniger als drei Stimmen (ein Bass, eine Begleitung und eine Melodie)!

Op. 9

> **IN DIESEM KAPITEL WERDEN SIE LERNEN**
>
> eine Folge schneller punktierter Rhythmen zu spielen
>
> mit diesem Rhythmus Lebendigkeit und Präzision zu erzielen

Tag 54
Freitag – Punktierte Karneval-Rhythmen

Aufwärmen

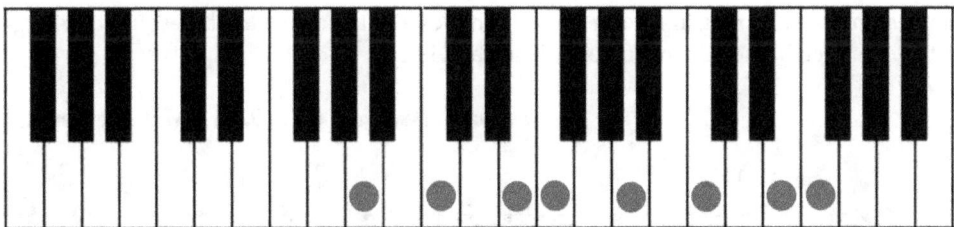

Die beiden Hände liegen auf den Noten *A*, *C*, *E* und *F*.

In Einhaltung dieser Reihenfolge spielen Sie eine Verbindung punktierter Achtel und Sechzehntel.

Versuchen Sie, Ihr Tempo schrittweise zu steigern, ohne die kleinen hier gezeigten Formen durcheinanderzubringen.

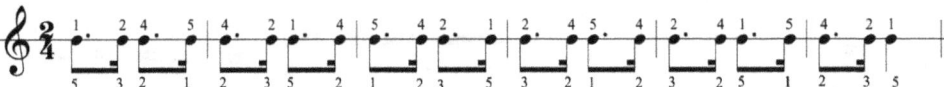

Notenlesen

 ***Passacaglia in G-Moll**, Georg Friedrich Händel*

 Hier Teil 7 unseres Puzzles. Bei dieser Variation spielt die rechte Hand benachbarte Noten (absteigende Tonleitern), mit punktierten Achteln in einem lebendigen Rhythmus.

Karneval, Edvard Grieg

Dieses zweite Stück nimmt im Sechsachteltakt denselben Rhythmus auf, allerdings notiert in punktierten Sechzehnteln und Zweiunddreißigsteln. Sie finden hier benachbarte Noten ebenso wie progressive Intervalle.

Die beiden ersten Übungen sind der Arbeit an diesem Stück gewidmet, dessen Schwierigkeit auch in den Verschiebungen der linken Hand liegt.

Aus dem Volksleben, Op. 19, Arr. Mélanie Renaud

Übungen

Übung 1

In dieser Übung sind die Rhythmen der rechten Hand vereinfacht und auf gleiche Notenwerte (Sechzehntel) reduziert. Auf diese Weise können Sie sich zunächst auf die Bewegungen der linken Hand konzentrieren.

Übung 2

 Um den Übergang zu üben, der sich von Oktave zu Oktave (Takte 8 – 9 – 10) wiederholt, beginnen Sie damit, ihn an derselben Stelle auf der Klaviatur zu üben, ohne die Verschiebungen.

Übung 3

Hier finden Sie nun das Thema aus dem Stück des Tages.

Ihre rechte Hand spielt die Melodie des Lieds, die linke Hand nimmt diejenige des Stücks auf, aber ohne punktierten Rhythmus.

Sie können in gleichen Notenwerten spielen, oder auch in ternären Achteln, was der fertigen Variante genauer entspricht.

Repertoire

Joshua fit the Battle of Jericho, **afroamerikanisches Volkslied**

Dieses Lied wurde von Sklaven in der ersten Hälfte des 19. Jahrhunderts komponiert. Die anfänglich veröffentlichten Versionen dieses Spirituals enthielten ganze Teile in Dialekt.

Der Text spielt auf die biblische Geschichte der Schlacht von Jericho an. Doch wie so oft bei den afroamerikanischen Spirituals ist ein tieferer Sinn darin versteckt. Somit könnte die Zeile »und die Mauern stürzten ein« die Hoffnung ausdrücken, dass die Sklaverei irgendwann zu Ende sein würde.

Im ersten Teil finden Sie das Thema und die linke Hand, wie bereits geübt, aber jetzt in einem durchgängig punktierten Rhythmus.

In diesem Stück ist das *Tempo* lebhaft, und dieser Rhythmus trägt zum virtuosen Charakter des Stücks bei.

Der zweite Teil ist einfacher, wobei die linke Hand einfach nur die Viertelnoten im Bass spielt.

> **IN DIESEM KAPITEL WERDEN SIE LERNEN**
>
> eine Marschbegleitung in typischen Akkorden zu spielen
>
> eine Begleitung im Habanera-Rhythmus zu spielen

Tag 55
Samstag – Carmen in Liedern

Repertoire

Arie des Torero, Georges Bizet

Carmen ist eine komische Oper in vier Akten von Georges Bizet nach einer Novelle von Prosper Mérimée.

Nach ihrer Fertigstellung 1875 stellte sich der Erfolg nicht sofort ein. Mittlerweile ist sie jedoch in allen Ländern sehr beliebt und zur meist aufgeführten Oper der Welt geworden.

Carmen, II. Akt, 3. Szene

Ratschläge für die Übung

 In dieser Version spielt die rechte Hand das Thema und einen Teil der Begleitung. Sie können beides separat üben und mit der linken Hand kombinieren.

Versuchen Sie, in diesem Auszug einen sehr strengen gleichmäßigen Rhythmus beizubehalten, unterstrichen durch sehr schwungvolle, *staccato* gespielte Achtelnoten

Chor der Straßenjungen, Georges Bizet

 Zu Beginn der Oper imitieren die spielenden Kinder aus dem Dorf die wachhabenden Soldaten.

Dieses Stück bietet immer die Gelegenheit, einen Kinderchor zur Produktion einzuladen.

Carmen, I. Akt, 3. Szene, Arr. Mélanie Renaud

Ratschläge für die Übung

 Sie können diesen Auszug zunächst üben, indem Sie die Oktavverdopplung in der linken Hand weglassen.

Auch hier soll der martialische Aspekt der Musik deutlich hervorgehoben werden, jedoch ohne zu viel Klangintensität. Denken Sie beim Ausdruck daran, dass es sich um Kinderstimmen handelt.

Habanera – Die Liebe ist ein wilder Vogel, Georges Bizet

Diese Arie ist eine der berühmtesten dieser Oper und wurde unzählige Male im Kino sowie in der Werbung verwendet. Auf den Rhythmus der Habanera (deutlich inspiriert von *El Arreglito* des spanisch-baskischen Komponisten Sebastián de Yradier) tut Carmen ihre eher pessimistische Philosophie im Hinblick auf die Liebe kund.

Carmen, I. Akt, 5. Szene

Ratschläge für die Übung

 Es ist ganz einfach, den punktierten Rhythmus der Habanera den Triolen zuzuordnen: Verschieben Sie die Sechzehntelnote zwischen das Ende der Triole und den nachfolgenden Schlag.

 Auch hier können Sie die Akkorde, die die Harmonie in der rechten Hand vervollständigen, schrittweise hinzufügen. Spielen Sie zunächst das Thema und die linke Hand, das hört sich schon sehr gut an!

IN DIESEM KAPITEL WERDEN SIE LERNEN

große Arpeggios mit Doppelnoten zu spielen

parallele Akkordwiederholungen zu spielen

Tag 56
Sonntag – Carmen in der Musik

Repertoire

***Prolog I. Akt*, Georges Bizet**

Dieses Prélude ist eines der bekanntesten in der Geschichte der Musik: ein *Allegro giocoso*, mit einem Rhythmus voller überschäumender Freude, inspiriert von einem Motiv der Corrida.

Ratschläge für die Übung

Der dynamische Charakter dieser Ouvertüre entsteht nicht zuletzt durch die *staccato* gespielten Noten.

Ich empfehle Ihnen, dieses Stück zu erlernen, indem Sie zunächst *legato* spielen, um die Sechzehntellinien der rechten Hand zu meistern.

Carmen

 Zwischenspiel im II. Akt, Georges Bizet

Ratschläge für die Übung

Dieser sehr melodiöse Auszug bildet eine Art Aufatmen in der Partitur dieser Oper voller Überraschungen.

Georges Bizet demonstriert darin seine Talente als Instrumentator.

 Nehmen Sie sich die Zeit, die linke Hand separat zu üben. Die Arpeggios sind sehr lang und schwierig zu spielen, ohne das Ganze zu schwerfällig geraten zu lassen. Die *Staccato*-Noten tragen zur Leichtigkeit bei, auch wenn sie mit Pedal gespielt werden.

Die rechte Hand spielt einfach die Melodie in einer hohen Tonlage, wie überlagert.

Darüber hinaus gibt es ein paar »Drei-zu-zwei«-Stellen, die Sie separat üben können, wie in den Übungen von Tag 52 gezeigt.

Carmen

Zwischenspiel im III. Akt, Georges Bizet

Ratschläge für die Übung

Um die Akkordwiederholungen in diesem sehr schnellen *Tempo* spielen zu können, müssen Sie sich eine sehr lockere Handhaltung aneignen. Im Gegensatz zum Beginn des Auszugs mit seinem strahlenden Charakter können Sie die Melodie ab Takt 18 sehr stark gebunden und in einem sanften Klang spielen.

Versuchen Sie, den Schwung zu spüren, der durch die *staccato* und *legato* gespielten Dreierrhythmen ausgelöst wird. Die große Abfolge aus Sechzehntelnoten kann als Welle interpretiert werden, die dem angegebenen *Crescendo* und anschließendem *Diminuendo* folgt.

Carmen

Bonus – Puzzle

Repertoire

Passacaglia in G-Moll, Georg Friedrich Händel

Das **Barockzeitalter** reicht vom frühen 17. bis zur Mitte des 18. Jahrhunderts. Die Barockmusik ist gekennzeichnet durch die Einführung des Generalbasses, der das Fundament der Harmonie bildet, die oft stark ausgeschmückten Melodien unterstützt und Ausdrucksstärke und Kontraste begünstigt.

In dieser Zeit entwickelte sich die Instrumentalmusik, besonders für Cembalo und Orgel, begleitet von großen Entwicklungen im Instrumentenbau (die schließlich zur Erfindung unseres Pianofortes führten).

Das Cembalo war das bevorzugte Tasteninstrument dieser Zeit und wir spielen das Repertoire heute auch auf dem Klavier. Das Cembalo ist ein Instrument mit mehreren Klaviaturen, dessen Saiten von einem sogenannten »Springer« gezupft werden.

Dieses Instrument, das an allen europäischen Höfen gespielt wurde, erlaubte dem Musiker, allein zu spielen oder mit Generalbassspiel andere Soloinstrumente zu begleiten.

Georg Friedrich Händel (1685–1759) war ein deutscher Komponist, der britischer Staatsbürger wurde. Ein Virtuose auf Orgel und Cembalo, bekannt für seinen *Messias*, seine Oratorien, seine zahlreichen Opern, seine Orchestermusik unter freiem Himmel (*Wassermusik*), aber auch seine zahlreichen Cembalostücke.

Ratschläge für die Übung

Wiederholen Sie die Kapitel, die den verschiedenen Variationen gewidmet sind, um gegebenenfalls weitere Details zu finden.

Um alle Variationen erfolgreich verbinden zu können, beginnen Sie damit, diejenigen paarweise (oder zu dritt) zu verknüpfen, die offensichtliche Ähnlichkeiten aufweisen, wie die zweite und dritte, die fünfte und sechste, die achte und neunte, die dreizehnte, vierzehnte und fünfzehnte.

In einem zweiten Durchgang achten Sie auf alle Übergänge. Üben Sie sie gegebenenfalls noch einmal separat, bevor Sie sich an die Verbindung wagen.

Auszug aus Suite Nr. 7 (HWV 432)

Bonus – Bach

Repertoire

 Menuett aus der *Französischen Suite Nr. 2 in C-Moll*, Johann Sebastian Bach

 Die Tanzfolge, die *Suite de danses*, wird auch als »Partita« bezeichnet und fasst Tanzstücke derselben Tonart zusammen, manchmal um eine Prélude oder eine Ouvertüre ergänzt.

In der Barockzeit erlangte diese Tanzfolge instrumentale Eigenständigkeit, wurde aber ursprünglich zur Begleitung von Bällen gedacht, weshalb sie abwechselnd mehr oft lebhafte und langsame Tanzmelodien umfasst.

Alle europäischen Komponisten haben solche Tanzfolgen geschrieben (manchmal Dutzende davon!).

Das übliche Muster sieht vor, dass Allemande, Courante, Sarabande und Gigue aufeinanderfolgen, aber die Komponisten führten fast immer Variationen ein. Sie fügten Präludien, Toccaten, Chaconne, Passacaglien, Doubles (Stücke, die in der Variation des Vorhergehenden bestehen) oder Charakterstücke ein, aber auch andere Tänze wie Menuett, Gavotte, Bourrée, Rigaudon, Tambourin und so weiter.

Das Menuett ist ein Tanz im Dreiertakt, der bei Ludwig XIV. und an seinem Hof sehr beliebt war. Die großen Tanzmeister Raoul-Auger Feuillet und Jean-Philippe Rameau beschrieben es in ihren Abhandlungen als anmutig und virtuos. Es gibt jedoch viele volkstümliche Anpassungen, die es stark vereinfacht haben.

Die Besonderheit des Menuettschritts ist, dass er über zwei Takte erfolgt (also, in sechs Schritten), wobei die Stützschritte auf unterschiedliche Weise verteilt werden.

So variiert die Wahl des Schrittes ganz nach der Notenschrift: Im Menuett ist die Anpassung zwischen Tanz und Musik sehr wichtig.

Ratschläge für die Übung

 In diesem Menuett entsteht ein Dialog zwischen den beiden Händen: Versuchen Sie, die Achtelnoten, die sich gegenseitig antworten, zum Klingen zu bringen, indem Sie sie stark verbunden spielen. Als Kontrapunkt vorgesehen, dürfen die Viertelnoten nicht *legato* gespielt werden, um den dynamischen Charakter des Menuetts zu erhalten.

Achten Sie in Takt 18 und den folgenden auf den harmonischen Verlauf: Die beiden selben Takte werden schrittweise absteigend und im Abstand von einer Sekunde transponiert.

In Takt 26 kann der Triller in der rechten Hand kurz sein oder alle sechs Takte dauern, abhängig davon, wie leicht Sie sich diese Verzierung machen wollen!

Für dieses Stück ist übrigens kein Pedal erforderlich – beim Cembalo war kein Pedal vorhanden.

BWV 813

 ## *Konzert für Oboe und Saiteninstrumente*, Johann Sebastian Bach

 Weitere Informationen zu diesem Stück finden Sie in Tag 10.

Hier folgt der vollständige zweite Satz dieses Stücks.

Ratschläge für die Übung

Diese sehr umfangreichen Verzierungen bieten Gelegenheit zur Interpretation sehr komplexer Rhythmen, die gelesen und umgesetzt werden müssen. Keine Panik – nehmen Sie sich die Zeit, die Rhythmen zu analysieren und machen Sie sich Notizen, wie Sie sie spielen wollen.

Sie können dieses Stück zunächst auch üben, indem Sie einen Achtelrhythmus spielen (das heißt sechs pro Takt).

Beachten Sie, dass das Tempo sehr langsam ist, deshalb sind die Verzierungen sehr ausdrucksvoll. Sie haben die Zeit, kurze Notenwerte (Zweiunddreißigstelnoten) ohne Eile melodiös zu spielen.

Konzert BWV 974, zweiter Satz

Bonus – Bach

Bonus – Peer Gynt

Repertoire

 ### *Solveigs Lied*, Edvard Grieg

 Solveigs Lied ist Teil der Suite Nr. 2 Op. 55, geschaffen 1876 nach der ursprünglichen Bühnenmusik. Es greift eine Melodie der Oper *Gustaf Wasa* von Johann Naumann (Szene 8, 1. Akt) auf.

Hier der Text:

Das Laub, eh es fällt, leuchtet feuerbunt und schön,
leuchtet feuerbunt und schön.
Die lange kalte Nacht wird wohl irgendwie vergehn,
sie wird irgendwie vergehn.
Ich werde auf dich warten, egal wo du grad bist,
egal wo du grad bist.
Zurückkehr'n kann nur der, der einmal fortgezogen ist,
der fortgezogen ist.

Gespeist von Bach und Quell mündet jeder Strom ins Meer,
mündet jeder Strom ins Meer.
So führt dich jeder Pfad, jede Straße zu mir her,
jede Straße zu mir her.
Dieselbe Sonne wärmt uns, egal an welchem Ort,
egal an welchem Ort.
Und bist du schon im Himmel, so treffen wir uns dort,
so treffen wir uns dort.

Ratschläge für die Übung

Dieses Lied ist sehr ausdrucksstark und wird in einem langsamen *Tempo* gespielt. Die Phrasen der rechten Hand tragen »cantabile« als Vortragsbezeichnung – versuchen Sie, ihnen einen melancholischen Charakter zu verleihen.

Der fragende Ton der Einleitung wird durch ein großes *Crescendo* unterstrichen, das sich langsam schließt.

 Die linke Hand wird in beiden Systemen notiert, sie macht die Bewegungen in Richtung der Akkorde, wobei das Pedal eingesetzt wird, um die Resonanz des Basses mit der Quint aus der ersten Phrase zu halten.

Üben Sie beide Hände separat, um die Fingersätze, insbesondere die chromatischen Sequenzen (Takte 18, 19 und 20), gut zu verstehen.

Peer Gynt, Arr. Mélanie Renaud

[Notenbeispiel]

Anitras Tanz, Edvard Grieg

Edvard Grieg ahmt hier den Stil eines orientalischen Tanzes nach, sinnlich und maliziös.

Die Figur Anitra greift in die Geschichte ein, um Peer Gynt während seiner Reise nach Arabien zu verführen.

Musikalisch spiegelt dieser Tanz mehr Einflüsse aus skandinavischen Tänzen wieder.

Ratschläge für die Übung

Die Interpretation dieses Tanzes fordert viel Leichtigkeit: Alle oder fast alle Noten werden *staccato* gespielt.

 Darüber hinaus fordert sie auch höchste Aufmerksamkeit für die Verzierungen: Triller und Vorschlagsnoten, die diesen Tanz ausschmücken und ihm Lebendigkeit verleihen. Sie können in einem ersten Durchgang nur die Hauptnoten der Melodie spielen, bevor Sie die Ausschmückungen hinzufügen.

Bei der linken Hand gibt es immer wieder große Verschiebungen.

Achten Sie außerdem in der letzten Zeile auf die kleinen Imitationspassagen zwischen den beiden Händen.

Peer Gynt, Arr. Mélanie Renaud

Bonus – Walzer

Repertoire

 Fascination, **Fermo Dante Marchetti**

Dieses Kapitel ist die Fortsetzung zu dem Auszug, der bereits im Abschnitt »Notenlesen« von Tag 24 präsentiert wurde.

 Das Lied der Belle Époque ist durch den zunehmenden Starkult dank der Verbreitung der Fotografie, des Phonographen und der Werbung gekennzeichnet.

Paulette Darty (1871–1939), die fünfzehn Jahre lang im Varieté verehrt wurde, verkörperte wie keine andere die Walzersängerin der Belle Époque – mit einem Repertoire, das fast ausschließlich aus sentimentalen Liedern bestand.

Sie hätte mehr Aufnahmen machen können, aber nur einige wenige (die von 1903 bis 1905) sind wirklich bemerkenswert.

Ratschläge für die Übung

Im zweiten Teil finden Sie eine für den Walzer typische Notation für die linke Hand.

Im ersten Teil spielt die linke Hand nur den Bass: Spielen Sie ihn weich und sehr gleichmäßig. Die rechte Hand vervollständigt die Harmonie, während sie die Melodie spielt.

Bonus - Walzer

Arr. Mélanie Renaud

 ## *Walzer*, Johannes Brahms

Dieser Walzer ist ebenfalls ein Auszug aus Op. 39, wie der *berühmte Walzer* an Tag 23.

Ratschläge für die Übung

Die Tonart dieses Stücks ist *Gis*-Moll, achten Sie beim Notenlesen gut darauf!

Diese Tonart hat fünf Kreuze, und es gibt außerdem ein *Eis* und ein *F* mit Doppelkreuz!

In der letzten Zeile sehen Sie eine Notation mit zwei Stimmen in der rechten Hand, die Sie unbedingt separat üben sollten.

Dieser Walzer hat einen sehr weichen Charakter, versuchen Sie deshalb, Ihrer Interpretation sehr viel Rundheit mitzugeben.

Bonus – Walzer

Op. 39 Nr. 3

Stichwortverzeichnis

A
A Breeze from Alabama 110
À la yougoslave 34
Achtel-Puls 72
Adagio 33
Akkord 61, 71
Allegretto 34
Arpeggio 52, 61

B
Bach, Johann Sebastian 71, 355
Bartók, Béla 29
Beethoven, Ludwig van 55
Blumenwalzer 93
Bonis, Mel 104
Bordunton 33
Brahms, Johannes 142
Burgmüller, Friedrich 102, 180

C
Chopin, Frédéric 114
Concerto 75
Corelli, Arcangelo 62

D
Danse 32
Daumen 45
Der Bach 104
Dritte Gymnopedie 134
Dvořák, Antonín 140, 146, 220, 284, 297

E
Eine kleine Nachtmusik 132
Engelsstimmen 102
Erste Gymnopedie 136

F
Fingerwechsel 35
Folia 62
Freylekh 68

G
Gardel, Carlos 38
Gnossienne Nr. 4 99
Go down Moses 84
Greensleeves 87
Grieg, Edvard 46, 169, 259, 285, 330, 359

H
Händel, Georg Friedrich 120, 152, 232, 258, 316, 330, 347

I
Imitation 29

J
Jacquet de La Guerre, Élisabeth 26
Jaëll, Marie 80
Joplin, Scott 110

K
Kalinka 125
Kanon 29
Konzert für Oboe und Saiteninstrumente 71, 74, 355
Koto 51
Kreisler, Fritz 43

L
La Folia 62
La Jeune Mariée 33
Liebesfreud 43
Loch Lomond 90

M
Mendelssohn, Felix 78, 182
Menuet 26
Menuett 23, 108
Mi Buenos Aires querido 38
Mikrokosmos 30
Modus
  dorischer 29
  lydischer 29
  mixolydischer 29
  phrygischer 29
Mozart, Wolfgang Amadeus 129
Musikmodi 29
Mutter Gans 49

N
Nachtmusik 129
Noten
  benachbarte 23

O
Ode an die Freude 55
Ostinato 32

P
Passacaglia
  G-Moll 232
Pavane 47
Pavane de la Belle au bois dormant 48
Pedal 45, 48
pentatonisch 52

Q
Quinttransposition 23

R
Rameau, Jean-Philippe 24, 176
Ravel, Maurice 47–48
Ritenuto 33
Romanesca 88
Romanze ohne Worte 78

S
Sakura sakura 51
Satie, Erik 99, 134
Schaljapin, Fjodor 126
Schlaflied 46
Schubert, Franz 108, 226, 310, 312
Sekunde
  übermäßige 65

Septakkord 71
Sexten 139
Spiritual 84, 201, 273
Staccato 38
Symphonie Nr. 5 56
Symphonie Nr. 7 57

T

Tango 35, 39
Tanz der Zuckerfee 96
Terzen 61

Terzintervalle 23
Tonleiter
  chromatische 35
Tschaikowski, Pjotr Iljitsch 93, 280

U

Unisono 42

W

Walzer 140, 142, 146, 226

A-Moll 114
Walzer in A-Moll 116
Wiegenlied 80

Z

Zigeunerlied 126
Zweite Gymnopedie 134

www.ingramcontent.com/pod-product-compliance
Lightning Source LLC
LaVergne TN
LVHW060136080526
838202LV00049B/4004